惠园博士文库
对外经济贸易大学资助出版

中国证券监管者非理性行为模式的探索性研究

张嘉祺　著

对外经济贸易大学出版社
中国·北京

图书在版编目（CIP）数据

中国证券监管者非理性行为模式的探索性研究 / 张嘉祺著. —北京：对外经济贸易大学出版社，2021.10

（惠园博士文库）

ISBN 978-7-5663-2326-2

Ⅰ. ①中… Ⅱ. ①张… Ⅲ. ①证券市场–市场监管–研究–中国 Ⅳ. ①F832.51

中国版本图书馆 CIP 数据核字（2021）第 206885 号

中国证券监管者非理性行为模式的探索性研究

张嘉祺 著

责任编辑：高 卓

出版发行：对外经济贸易大学出版社

社 址：北京市朝阳区惠新东街 10 号

网 址：www.uibep.com

资源网址：www.uibepresources.com

邮政编码：100029

邮购电话：010－64492338

发行部电话：010－64492342

E-mail：uibep@126.com

成品尺寸：170mm×240mm

印 张：8.25

字 数：152 千字

ISBN 978-7-5663-2326-2

印 刷：北京九州迅驰传媒文化有限公司

版 次：2021 年 10 月北京第 1 版

印 次：2021 年 10 月第 1 次印刷

定 价：42.00 元

前　言

经过 30 多年的发展，中国证券市场逐步走向成熟，监管者的监管理念也从行政色彩浓重向保护多方投资者利益转变。在看到中国证券监管取得巨大进步的同时，也应该注意到目前的证券监管在效率和效果上依然有很大提升空间，一些危害投资者利益、制约市场发展的因素尚未从根本上得到有效治理，并且在不少方面还表现出证券监管失灵。究其原因，中国证券监管者并不是完全理性的，在监管政策的制定和实施中会受到非理性因素的影响而做出偏离监管目标和原则的行为。因此，从中国证券市场监管的实际情况出发，对中国证券监管者的非理性行为模式进行探索性研究有着重要的现实意义。

本书围绕中国证券监管者的非理性问题，创新性地采用聚集和整合的研究思路进行了系统的探索性研究。与以往行为金融研究主要依赖描述性研究范式不同，本书引入了规范性研究范式，采用定性与定量相结合的方法进行研究。具体而言，运用半结构化访谈法和有情境元素的问卷调查法收集了大量的一手研究数据，并且综合运用文本分析、比较分析、差异分析、相关分析、分层聚类分析和多维尺度分析的数据分析方法归纳和总结了中国证券监管者的监管行为特征；度量了不同群体非理性行为的差别以及中国证券监管者的决策理性水平；建立了综合反映各类非理性行为之间关系的研究模型。其中，首次应用多维尺度分析来探讨不同非理性行为的内在规律是一个重要方法创新。

本书的研究发现，中国证券监管者在对证券市场进行监管时存在过度式监管、松懈式监管、选择式监管、失时式监管、盲目式监管、非协调式监管、不透明式监管、教条式监管和随意式监管 9 种行为特征，而这 9 种监管行为特征又表征了四类监管行为，即缺位监管、错位监管、越位监管和失位监管。进一步的研究发现，中国证券监管者在决策判断中难以避免启发式思考、信念、损益和后悔的影响而出现非理性行为，其综合的决策理性水平虽显著高于散户投资者，但与机构投资者相比并无显著差异。相关分析和分层聚类分析的结果发现，不同非理性行为之间相互联系，并且存在明显的内在规律，为此，提出了用于描述和分析不同非理性行为特征的情境潜意识模型，认为非理性行为的产生是客观情境与潜意识因素交互的结果，并用情境常态性和潜意识内隐性两个维度构建了四种非理性行为模式。基于研究模型，发现中国证券监管者不同非理性行为的内在特征与一般人群存在不同，并且主要表现为信念和积极情绪影响的不同。为验证研究模型的有效性，本书通过多维尺度分析同时考察了 12 种中国证券监管者非理性行为的整体关联性，发现合取谬误、易得启发式偏差、锚定效应、过度自信和证实性偏差共同构成了一个联系非常紧密的非理性行为集群；反射效应、损失厌恶、后悔厌恶、处置效应和赌徒谬论共同构成了一个联系较为紧密的非理性行为集群；确定性效应是连接上述两个非理性行为集群的关键。上述规律和特征在证明本书提出的研究模型有效性的同时，进一步指出非理性因素对于中国证券监管者的决策行为影响存在特殊性，主要表现为在面对高常态情境时的决策是快速和自信的，但在面对低常态情境时的决策则是情绪化并且不自信的。基于上述研究发现，本书提出相关建议以提高监管者的理性决策水平。

目 录

第1章
绪　论

1.1　研究背景

作为市场经济发展到一定阶段的产物，证券市场的发展同样受到“看不见的手”的调节和影响。在证券市场的发展历程中，类似“南海泡沫”“大萧条”等市场失灵现象的反复出现表明“看不见的手”有时会将市场引入歧途，这也促使人类不断思考和寻求如何通过“看得见的手”对证券市场加以控制和引导，而政府监管就是人类对证券市场施加影响的努力之一。可以说，政府对证券市场的监管一直伴随着证券市场的发展而发展，而每一次监管理念的改变都与证券市场的发展状况息息相关，这些新的状况在对监管者提出新的挑战的同时也给予监管者新的经验去修正过去的监管政策和策略，调整监管的方式和力度。然而，事实证明，监管也并不总是有效，一些监管政策的制定和实施反而容易加剧市场失灵，而类似的情况也发生在中国证券市场的监管中。自1990年上海证券交易所（简称上交所）成立，中国证券市场已经经历了30多年的发展，这期间，中国政府积极探索和完善证券监管制度，监管理念也从行政色彩浓重向保护多方投资者利益转变，并逐步确定了符合中国证券市场情况的监管目标，即维护市场三公、保护市场投资者利益和促进证券市场发展。但同时，需要承认的是，目前的中国证券市场监管仍未能很好地履行和实现监管目标的要求，常频繁干预市场，所推行的政策也缺乏客观性和连续性，导致类似虚假信息披露、价格操纵、内幕消息等伤害投资者利益的违法违规现象屡禁不止，不仅影响了投资者对于中国证券市场的投资信心，还可能导致市场失灵。例如，2014 年下半年以来的“改革牛”与“杠杆牛”引起股市快速上涨，并逐渐演变为疯牛行情。这期间，监管部门对于市场上频繁的概念炒作、重组并购、高送转等现象的监管明显存在不足，而虚假信息、虚假报道更是大量充斥于市场中而未得到有效的控制。当市场的“高杠杆”问题被暴露，监管部门在 2015 年 6 月以来针对配资所采取的“去杠杆化”手段又过于简单和粗暴，直接导致了资金的外逃和市场的恐慌，而随后出台的救市政策又由于信息传导的不透明导致市场的剧烈波动，致使中小投资者利益受到损害。2016 年，熔断机制的实施直接导致中国证券市场在短短四个交易日内两次出现暴跌而被迫提前休市，监管部门也很快暂停实施熔断机制。在这一系列事件中，监管并没有有效地发挥作用，反而加剧了证券市场的波动，制约了证券市场的健康发展。

上述背景引出的研究问题是，为什么以维护市场三公、保护市场投资者利益、促进证券市场发展为目标的监管会出现失灵的情况？究其原因，监管手段与监管目标的不统一是制约监管结果有效性的重要因素，而作为监管措施的制定者和实施者，证券监管者在其中显然扮演着非常重要的角色。

在早期的监管研究中，研究者认为监管者是理性的，其行为与理性目的高度匹配，所以监管失灵的原因主要在于监管者用主观的监管目标替代了客观的监管目标，并进而采取了不当的监管行为。例如，监管的利益集团论将监管者视为“经济人”，认为监管者的监管行为主要受到个人利益最大化的驱使，为了追求自身政治和经济利益最大化而对各种利益集团的利益博弈进行平衡和妥协。理性假设为理解监管失灵现象提供了一个简单便捷的视角，但由于监管对象的复杂性和监管者自身能力的限制，现实中的监管者很难做到完全的理性。更为符合实际的是，监管者的很多行为并不一定是有意识追求某些目标的结果，而是在经验、信念、情绪等非理性因素影响下的结果。因此，对于证券监管者非理性行为的研究是进一步打开监管“黑箱”，理解和掌握监管有效性不足的关键。

目前，研究者已开始着手研究非理性因素对于监管者决策行为的影响，发现监管者在决策判断中存在过度自信、代表性偏差、责任推卸等一系列非理性行为，并据此对包括过度监管、选择性监管等在内的与监管失灵相关的监管措施进行了一定的解释。但同时，由于非理性因素的丰富性和复杂性，以往文献常从不同的心理研究视角进行研究，得出了大量相互独立的研究结论，在赋予监管者众多“非理性标签”的同时却难以真正触及非理性行为的本质与核心，导致了对监管者非理性行为认识的碎片化和偏见化。因此，在进一步的研究中有必要以系统性和整体性的研究思路和方法来整合以往碎片化的研究成果，深入发现和挖掘监管者不同非理性行为背后的认知特征和规律，在结合已有研究理论的基础上，为全面理解和改进中国证券监管者的决策行为模式做出贡献。

1.2　研究意义

1.2.1　理论意义

以往对于证券市场监管的研究涉及经济、政治、法律等领域的讨论，目的是解决证券监管存在的必要性和有效性问题。其中，在证券监管必要性的讨论中，古典主义认为市场机制是完美的，任何市场问题都可以由市场机制来解决，监管只会阻碍市场机制作用的实现。相反，凯恩斯主义则认为市场机制是不完美的，政府的主动干预和调节才能确保市场正常发挥作用。这两个截然不同观点的长期交锋导致了不同形式监管模式的产生，但不容否认的是，在全球化、国际化日益突出的今天，政府对证券市场的监管被普遍认为是不可或缺的，也是防范金融风险的一个重要手段。此外，针对监管有效性的讨论也存在着大量不同的观点。其中，公共利益论认为监管者的行为基础是追求公共利益最大化，所以监管必然有效。与公共利益论不同，公共选择论和捕获论则强调政治因素对于监管的影响，认为监管很多时候是无效或低效的。而监管经济论则从经济学角度对监管的成本和收益进行了分析，认为当监管收益大于监管成本时，监管就有效，反之就低效。近些年，随着有限理性假设的提出和行为金融学的发展，非理性因素对于监管有效性的影响开始得到广泛研究，研究者普遍认为监管者在监管决策判断中存在过度自信（Shiller，2001）、从众效应（Choi 和 Pritchard，2003）、责任推卸（Kane，1997）等多达十几种的非理性行为，而正是这些非理性行为的存在直接导致了监管有效性的不足（郝旭光，2015）。目前，监管者的非理性行为研究虽取得了很大进展，但研究者较少对不同非理性行为背后的认知特征与规律进行系统性的探讨，因此，本书研究的理论意义将包含以下三点。

（1）界定基于行为金融学视角研究证券监管者非理性行为的理论基点。

以往行为金融的研究多关注市场投资者的非理性行为以解释金融市场有效性不足问题。近些年，虽有研究开始关注证券监管者的非理性行为，但讨论的深度和广度都不足，较少关注不同非理性行为的内在逻辑以及作为整体的非理性如何影响证券监管者的行为。本书从行为金融的视角研究中国证券监管者的非理性行为及其内在逻辑，以中国证券监管者的非理性行为自身及与市场投资者的非理性行为的对比为路径，探讨中国证券监管者的决策理性水平，界定基于行为金融视角下的证券监管者非理性行为研究的理论基点。

（2）构建基于行为金融研究的中国证券监管者非理性行为的分析体系和框架。

目前对于证券监管者非理性行为的研究不多，直接相关的理论与实证文献更是匮乏，尚未形成研究体系，尤其对证券监管者存在哪些非理性行为、非理性行为之间的关系、非理性行为与监管效果之间的关系等问题没有进行系统性的探索。因此，有必要通过实证的方法系统性地研究中国证券监管者非理性行为的内容、特征和规律，构建一个包括证券监管者非理性行为的整体性、结构性、内部元素相互作用机理以及外部影响性等重要概念在内的逻辑体系，为全面理解和预测证券监管者的非理性行为提供一个完整的分析框架。

（3）探究中国证券监管者非理性行为的内在规律及影响因素。

以往行为金融的研究注重非理性行为的发现与证实，并且依据不同的假设进行理论解释。事实上，不同非理性行为之间并不是相互独立的，而联系背后的规律也非某一个或某几个行为金融理论所能解释，因此，有必要基于不同非理性行为之间的联系构建一般性的研究理论，以对非理性行为内在规律进行系统的阐释。此外，不同群体的非理性行为，无论外在表现还是内在规律都不可能完全一样，而以往行为金融的研究对象主要是市场投资者或一般个体，所形成的理论也以解释这部分人群的非理性行为为主要目的。因此，在从行为金融视角探讨中国证券监管者非理性行为时需要注重证券监管人群的特殊性，这也有助于探索和理解中国证券监管者的非理性行为模式。

1.2.2 现实意义

纵观中国证券监管的历史，政府一直致力于加强证券市场的监管，但实际的监管效果却一直被市场所诟病，例如长期存在的违规发行、价格操纵、粉饰业绩等违法违规现象一直未能得到有效解决，而监管不力也导致市场难以充分发挥资源配置、价格发现等功能。因此，本书的研究对于改进监管有效性有着重要的现实意义，具体包括三个方面。

（1）制约中国证券监管者的非理性行为是解决证券市场诸多问题的重点。

在中国，监管政策之所以缺乏有效性，没能取得预期效果，是因为政策缺乏连续性和稳定性，具有临时性和易变性特征，监管部门总是在不断地制定新办法、新政策、新措施，使市场难以形成稳定的政策预期，不确定性强、政策风险大是政策预期的典型特征。究其原因，是中国证券监管者存在明显的非理性行为，而且他们的非理性程度从整体上看与被监管者或其他市场参与者没有显著区别（郝旭光，2009）。因此，有效制约监管者的非理性行为是解决证券市场诸多问题的关键之一。

（2）探索中国证券监管者的非理性行为模式是制约监管者非理性行为的前提。

为了降低、避免监管者的非理性行为，需要认清监管者非理性行为所包含的内容及具体表现，理解不同非理性行为的形成原因及影响因素，掌握中国证券监管者的非理性行为模式，而这也是制约监管者非理性行为的前提。为了达到这一研究目的，有必要对证券监管者非理性行为的内容、表现、原因及对市场的影响进行系统性的研究。

（3）制约监管者非理性行为有助于维护国家金融安全。

当今时代，随着经济全球化的深入，国家金融安全日益成为关乎国家命运的重大问题。实践中，监管政策效果不高以及监管者的非理性行为是导致市场弊端、引起市场暴涨暴跌、威胁证券市场安全的重要原因之一，因此，在认清非理性行为的特征、本质、作用机制的基础上，制约监管者的非理性行为，提高监管政策的效果，促进证券市场健康、持续、稳定发展，对于保证证券市场的安全和金融安全具有重要作用。

1.3　相关研究概念界定

1.3.1　中国证券监管者

证券监管就是监管参与证券市场活动的人的行为，因此必然会涉及监管者、市场参与者，涉及由人组成的机构对由人组成的群体或人的相互作用（郝旭光，2015）。传统的监管理论并没有严格区别实施监管的不同主体，国家立法、司法和行政部门，证券交易所，自律组织及社会公众等都可作为广义监管的主体，而狭义的监管主体仅指政府行政部门。为进行定量研究，本书以狭义的监管主体为研究对象。在中国，狭义的监管主体是中国证券监督管理委员会（简称证监会）及其分支机构，而中国证监会的监管行为又是通过中国证券监管者来具体实施的。因此，本书中所说的证券监管者特指中国证监会及其分支机构内从事具体证券监管工作的人，是“个人概念”而非“机构概念”。

1.3.2 理性

理性是指决策者可以选择有效的工具或途径以实现决策目标（Howllet 和 Ramesh，1995）。在西方经济学研究中，理性行为特征被视为“经济人”的本质，是逻辑分析和解释经济决策问题的基元和起点（Bowles，2004），本书研究的理性行为基础也源自经济学研究中的定义，即“每一个从事经济活动的人都是利己的，力图以自己最小的经济代价去获得自己最大的经济利益”①。一般情况下，决策中的理性行为通常要遵循 5 个条件，即决策过程中必须获得全部有效的信息；找出与实现目标相关的所有决策方案；能够准确地预测每一个方案在不同的客观条件下所能产生的结果；明确的决策偏好；可以选择最优化的决策方案。

1.3.3 有限理性

有限理性是指介于完全理性和非理性之间的有一定限制的理性，其决策判断特征是在抓住问题的本质而简化决策变量的条件下表现出来的理性行为②。有限理性这一概念最初是由 Arrow（1951）提出的，他认为人的行为是有意识的、理性的，但由于环境和个人能力的限制，这种理性又是有限的。随后，赫伯特·西蒙（Herbert Simon）在 20 世纪 50 年代对有限理性的内涵进行了系统性的论证，指出“人类信息处理都或多或少明显受到生理条件的约束。例如，注意力集中的时间和能力是有限的；组织和个体存储信息的能力是有限的；决策者的理解力也是有限的；决策者交流信息、共享信息的能力也是有限的”③。因此，在西蒙构建的有限理性决策模型下，有限理性的实质是选择行为过程和结果的统一，表现为已有知识和获取知识能力的有限性，但从本质上看，有限理性依旧是在继承和发展完全理性（王国成，2012）。

1.3.4 非理性

非理性是人类精神世界所具有的、与理性相区别的各种精神要素的总和（苏曦凌，2011）。与理性相比，非理性具有不自觉性、非逻辑性和情绪性等特征，

---

① 安德鲁·马斯－科莱尔．微观经济学：上［M］．北京：中国社会科学出版社，2001.

② 罗宾斯，德林佐，穆恩．管理学原理：英文［M］．6 版．北京：中国人民大学出版社，2010.

③ 赫伯特·西蒙．管理行为［M］．北京：北京经济学院出版社，1988.

而具备上述特征的非理性因素也有很多种，例如情感、意志、动机、欲望、信念、信仰、习惯、本能、幻想、想象、直觉、灵感等都属于非理性因素的范畴。针对理性和非理性的探讨，大卫·休谟在《人性论》里曾写道："理性只是激情的奴隶，除了侍奉和服从激情，不能假充自己尚有别的差事。"[①] 在叔本华的反理性哲学中，人的认识不过是由非理性的意志所派生，并为之服务的工具，他认为"只有非理性才是真理的源泉，而理性的作用只是保存知识、传达知识、运用知识"。[②]为此，他指出人的本质是意志而非理性，因此，人的行为也是受意志的欲求驱使，理性只是为这种欲求提供论证和根据而已。荣格在对理性的批判中也指出，把物质作为一切事物基础的信念业已导致了一种"没有心理的心理学"，无意识作为从原始时代遗传下来的心理功能体系，总是先于意识而存在，意识不过是无意识的后裔而已。[③]在经济学的研究中，由于许多经济行为难以用理性来解释，非理性开始受到研究者的重视，Hammond 等（1998）就指出，人们在经济决策中所出现的偏误并不在于决策过程，而在于决策者自身，近半个世纪的研究已经表明人们是在用无意识的方式来应对复杂的决策。卡尼曼在他的著作《思考，快与慢》中也指出，个体在决策思考中存在两个系统，一个是理性思考系统，其运行是"有意识且缓慢的"，另一个则是非理性思考系统，其运行是"无意识且快速的。"[④]基于上述研究界定，为进行定量分析，本书参照 Hammond 等（1998）和 Kahneman（2012）的分类，将启发式思考、信念依赖、损益、后悔等因素影响下的各种决策行为偏差定义为非理性行为。

1.3.5 非理性行为模式

行为模式是指从大量实际行为中概括出来作为行为的理论抽象、基本框架或标准。在行为金融研究中，行为模式的探讨主要为了从理论层面解释和预测决策者的非理性行为，例如，Kahneman 和 Tversky（1979）的研究就通过损失厌恶假设来解释和预测了人们的风险决策行为。基于此，本书研究的非理性行为模式是指从人们所表现出的大量非理性行为中寻求一般性的规律，从理论层面对非理性行为予以概括和解释。

---

① 休谟．人性论［M］．北京：商务印书馆，1980.

② 叔本华．作为意志和表象的世界：珍藏本［M］．北京：商务印书馆，2009.

③ 荣格．分析心理学的理论与实践［M］．北京：三联书店，1991.

④ 丹尼尔·卡尼曼．思考，快与慢［M］．北京：中信出版社，2012.

1.4 研究设计

1.4.1 思路与方法

本书研究的核心就是中国证券监管者非理性行为的表现、特征和规律，为此，将采取由分散到聚集、单一到整合和验证到规律的研究思路，围绕“中国证券监管者非理性行为模式的探索性研究”进行深入系统的研究。已有研究表明，非理性行为是人类行为的一种客观现象，其存在方式达30多种，而目前关于证券监管者非理性行为的研究主要借鉴行为金融的研究成果，通过将已有的经典非理性行为与监管行为的表现相结合以解释监管有效性不足的问题，但缺陷在于对证券监管者非理性行为的表现和特征的探讨过于分散和局部，缺少对行为背后的深层次规律的探讨。因此，在探讨非理性因素的影响前，有必要首先明晰降低监管有效性的监管行为都有哪些，初步判断非理性因素在其中所扮演的角色。为进一步验证非理性因素的影响，需要从非理性行为的具体层面进行研究，结合以往行为金融研究的经典理论，从原始调查数据出发，具体研究证券监管者是否存在与启发式思考、信念依赖、损益认知和后悔认知相关的非理性行为，按照归纳研究的思路，将反映各个具体非理性行为的变量数据集结为一个整体，通过与证券市场投资者行为的对比以整体判断中国证券监管者的非理性行为特征以及决策理性水平。当探讨和验证中国证券监管者的非理性行为的表现和水平后，需进一步解决的问题就是非理性因素对监管行为影响的一般性和特殊性。事实上，在整个非理性行为系统中的各个具体非理性行为之间常常具有一定程度的关联，而研究数十种非理性行为之间的关联性，以公式、图形等形式描述其关联的方式、关联程度和性质，将有助于认清监管者非理性行为系统的内在规律和作用机制，找到尽可能减少决策中非理性因素影响的途径。为此，本书将从局部和整体两个层面对中国证券监管者非理性行为的关联性及其规律进行探索性研究。

依据研究思路，本书将采用归纳与演绎相结合的方法来重点研究中国证券监管者非理性行为的表现、特征及规律。具体而言，在对中国证券市场有效监管特性进行研究时以演绎法为主，通过借鉴郝旭光（2011）提出的有效监管标准理论，应用大样本问卷调查数据对六项监管标准背后的关键因素进行了挖掘，并且基于主成分分析的方法建立两层次的监管有效性模型。在对造成中国证券监管失灵的监管行为特征进行研究时以归纳法为主，采用半结构化访谈法收集大量一手数据，通过文本分析的方法对数据进行编码和归类，并结合多维尺度分析的方法逐步发现和归纳与监管失灵相关的监管行为，而一些关键的概念也会在研究过程中出现。当了解和掌握与监管失灵相关的典型监管行为之后，为进一步探讨非理性因素的影响，本书将采取演绎的逻辑进行研究。假设中国证券监管也难以避免非理性行为的影响，结合以往行为金融学的经典实验研究设计，编制带有情景因素的量表问卷，通过发放问卷收集中国证券监管者和证券市场投资者的数据，并进行定量分析以对假设进行验证，其中采用的数据分析方法主要为描述性统计和差异分析。针对中国证券监管者非理性行为的规律，本书将首先根据行为金融学的四大理论选取部分有代表性的非理性行为，采用统计学中的相关分析法分析不同非理性行为之间的两两相关关系，并结合分层聚类的分析结果归纳和提出符合一般人群和证券监管人群的非理性行为模式。然后，针对所形成的研究模型和理论，本书以多维尺度分析的方法从整体上描述多个非理性行为之间的空间距离及关联关系，通过讨论不同非理性行为集群的特征来实证检验本书所提出理论的解释有效性。综上所述，本书将综合采用访谈法、观察法和问卷调查法来收集研究数据，并综合运用文本分析、比较分析、差异分析、相关分析、分层聚类分析和多维尺度分析的方法对中国证券监管者非理性行为的内容、表现、原因及规律进行全面探讨。

1.4.2　研究结构

依照上述研究思路和方法，本书共分为以下七个部分。

第 1 章为绪论。该章主要对研究背景、选题意义、拟采用的方法、结构安排等进行简明系统的阐述。

第 2 章为文献综述。该章将回顾并评析以往监管研究的经典理论，为理解监管者的监管行为特征提供必要的理论视角。此外，该章还将重点回顾行为金融研究的经典理论以及基于行为金融视角的监管者非理性行为研究，评述当前研究的局限和不足，并在此基础上提出本书研究的重点。

第 3 章为中国证券监管失灵的监管行为特征分析。该章从中国证券监管实际出发，采用半结构化访谈法搜集中国证券市场投资者对中国证券监管的认识与评价，通过文本分析以及多维尺度分析的方法总结和归纳与中国证券监管失灵相关的典型监管行为特征。

第 4 章为中国证券监管者决策理性水平的实证检验。该章在基于行为金融学的经典研究理论基础上，通过心理问卷调查重点考察和验证中国证券监管者在决策判断中是否会出现非理性行为，通过与中国证券市场投资者（散户投资者和机构投资者）进行对比来检验中国证券监管者的决策非理性水平。

第 5 章为中国证券监管者非理性行为的局部关联性研究。该章采用统计学的相关分析法来检验五种典型非理性行为之间的相关关系，并结合分层聚类分析的结果对一般人群的非理性行为局部关联特征进行分析和讨论，提出研究模型并形成基础性的研究结论。检验中国证券监管者的非理性行为局部关联性特征以探讨不同非理性行为背后的规律特征，通过与一般人群的行为进行对比以发现其非理性行为模式的一般性和特殊性。

第 6 章为中国证券监管者非理性行为的整体关联性研究。统计学中的相关分析法难以从空间距离上同时观察多个研究变量之间的关系，因此，该章的研究将采用多维尺度分析法（Multidimensional Scaling）对多个非理性行为变量之间的亲密关系从空间距离上予以讨论和分析，以进一步验证本书在第 5 章所提出研究模型的有效性。

第 7 章为结论与展望。该章系统地总结了本书研究的重要结论，并依据结论对中国证券监管政策的改进提出了相关政策建议。最后，本章对本书研究的不足进行了说明，并对未来的研究进行了展望。

1.5 研究的创新点

本书在借鉴前人工作的基础上，结合最新的行为金融研究成果，对中国证券监管者的非理性行为进行了系统、全面的论述，所形成的研究创新主要包括以下五点。

1.5.1 研究选题的创新

证券监管的有效性对于证券市场的发展与稳定有着重要的作用。以往对于证券监管有效性的研究主要从经济学、法学的视角出发，较少考虑非理性因素对于证券监管的影响。近些年，有学者开始从行为金融学的视角来探讨证券监管有效性的问题，但更多关注的是证券监管者的非理性行为表现以及所带来的监管后果，缺少对于证券监管者非理性行为的内在逻辑的探讨。对此，本书在选题上不仅以非理性行为作为研究证券监管有效性的出发点，还侧重于对证券监管者非理性行为的内在规律进行探究，目的是理解和掌握非理性行为如何影响中国证券监管者的监管行为。而这在目前研究中是非常少见的，具有一定的开创性和创新性。

1.5.2 研究思路的创新

目前国内外关于非理性行为的研究较为分散，主要包括四方面：一是对决策主体的非理性行为表现进行探讨；二是对非理性行为与决策结果的关系进行探讨；三是对非理性行为的心理动因进行探讨；四是对如何防范非理性行为进行探讨。在这些较为分散的研究中，更多关注的是某类群体在某类非理性行为上的表现、原因和危害，缺少整合和比较。对此，本书以聚集和整合的创新研究思路来对中国证券监管者非理性行为的内容、表现、原因、危害及内在规律进行全面和系统的探讨。具体而言，本书选择了中国证券市场投资者作为参照人群以检验中国证券监管者的决策理性水平，并且还选择了一般人群作为参照人群以发现中国证券监管者非理性行为的内在规律特征。同时，本书的研究也涉及了数十种在以往研究中被广泛讨论的非理性行为，通过引入定量的研究方法对这些非理性行为从整体上予以整合，并对这些非理性行为背后的规律进行探究。

1.5.3 研究方法的创新

以往行为金融的研究主要以描述性范式为主，而描述性研究导致目前的研究重点依旧停留在对非理性行为的定性描述和历史观察上，缺少成型的研究模型。因此，本书在研究中创新性地引入了规范性研究范式，并且采用定性与定量相结合的方法对中国证券监管者的非理性行为模式进行了系统的研究。具体而言，本书采用半结构化访谈法和心理问卷调查法获取了大量一手数据，并且在数据分析过程中，综合采用文本分析、比较分析、差异分析、相关分析、分层聚类分析和多维尺度分析方法对中国证券监管者非理性行为的内容、表现、原因及规律进行了全面探讨。其中，应用多维尺度分析法来探讨不同非理性行为的内在规律是本书研究的一个重要创新。多维尺度分析法是一种探索性数据分析技术，适用于探索变量之间的非线性关系，对于涉及多个变量的科学研究来说有着重要的价值，方便研究者对变量之间的总体联系进行深入的观察和理解。在以往行为金融研究中，由于统计分析方法的限制，研究者较多探讨两个或三个非理性行为之间的关系，对非理性行为的影响缺乏整体和内在认识。借助多维尺度分析法，本书研究了数十种非理性行为之间的关联性，从整体层面更直观地观察行为主体受非理性因素影响的规律和特征。

1.5.4 研究范式的创新

范式是从事某一科学的科学家群体所共同遵从的世界观和行为方式。依照科学研究的发展所形成的经典研究范式包括四种，即实验科学、理论科学、计算科学和数据科学。其中，实验科学是理论科学的实践基础，理论科学则是经验科学的指导，计算机科学则是对经验科学和理论科学中科学方法的补充，数据科学则是近几年出现的新的研究范式（邓仲华、李志芳，2013）。在行为金融和证券监管者非理性行为的研究中，研究者较多应用实验科学和理论科学的研究范式，侧重于非理性行为的概念以及动因的探讨，较少有研究从数据科学的研究范式出发来发现非理性行为的特征和规律，这就导致已有研究的发现“只见树木，不见树林”。本书将实验科学、理论科学和数据科学的研究范式有机结合，对中国证券监管者的非理性行为模式进行系统性的探讨。其中，通过实验科学的范式观察证券监管者、市场投资者以及一般人群的非理性行为表现；通过归纳总结和理论推演的方式提出了符合中国证券监管者非理性行为特征的研究理论；通过多维尺度的数据分析方法深入挖掘和发现多个非理性行为之间的规律。显然，在本书研究中，数据科学范式的引入是具有创新意义的，使目前的非理性行为研究不再拘泥于经验和理论的探讨，有助于从整体和系统层面探索“不知道自己不知道”的非理性现象与规律。

1.5.5 研究结论的创新

结合研究选题、研究思路和研究方法，本书将会构建一个包括中国证券监管者非理性行为的整体性、结构性、内部元素相互作用机理以及外部影响性等重要概念在内的逻辑体系，其中，基于不同非理性行为的内在规律所提出的情境潜意识模型将是整个逻辑体系的内核，并且也是解释本书一系列研究发现的关键，而得出的研究结论也将具有很高的原创性和创新性。具体而言，以往证券监管者的非理性行为研究普遍采用行为金融理论的基本假设，认为影响投资者的非理性因素同样也会影响证券监管者，所得出的研究结论也主要集中于不同非理性假设与监管现象的简单匹配。事实上，证券监管者与投资者在人群特征上存在很大不同，适用于投资者的非理性假设并不一定能完全匹配于证券监管者，适用于投资者的非理性行为规律也不一定完全适合证券监管者，所以有必要建立一般性的理论模型用于讨论证券监管者非理性行为表现的一般性和特殊性，而非简单套用行为金融理论的一般性假设。因此，本书研究结论的创新就在于突出了证券监管者的非理性行为特征与内在规律，并提出相关研究模型对其进行系统的描述和解释，为提高中国证券监管者的理性决策水平提供了有益的借鉴。

第 2 章

文献综述

2.1 非理性行为的理论研究综述

目前，国内外证券监管研究主要从经济学的角度对为什么及如何监管证券市场等问题进行了系统性的讨论，认为证券监管者和其他市场参与者一样同属于“理性人”，其经济决策行为都一定符合理性假设。然而，对于现实生活中的行为主体而言，理性假设这一前提可能并不符合实际的决策行为。1952 年，法国经济学家阿莱（Maurice Allais）在他提出的阿莱悖论中就质疑了基于理性假设所提出的预期效用理论。在阿莱的实验中，当被试者面对“A：100%的机会得到 100 万元”和“B：10%的机会得到 500 万元，89%的机会得到 100 万元，1%的机会一无所得”两个赌局时，绝大多数人选择了赌局 A，但在面对“C：11%的机会得到 100 万元，89%的机会一无所得”和“D：10%的机会得到 500 万元，90%的机会一无所得”两个赌局时，更多被试者选择了 D 而非 C，而这一结果也显然违背了预期效用最大化原则。1961 年，艾尔斯伯格（Daniel Ellsberg）提出的艾尔斯伯格悖论也同样质疑了期望效用理论对于人们决策行为的预测，他发现人们在决策中更喜欢规避模糊的选项，进而违背了期望效用最大化的原则。阿莱悖论和艾尔斯伯格悖论的提出使研究者开始注意到人们的实际决策中并不是完全遵循理性原则的，而在证券市场上，很多市场异象的发生同样难以用理性原则来理解和解释。例如，Debondt 和 Thaler（1985）提出的反转效应就指出，在一段较长的时间内，表现差的股票在之后会经历逆转，而表现好的股票则倾向于在其后的时间内出现差的表现；Mehra 和 Prescott（1985）提出的股权溢价之谜则发现，在过去一个世纪，股票收益率为 7.9%，远高于无风险证券收益，但人们依旧偏好投资无风险证券而非股票；Jegadeesh 和 Titman（1993）提出的动量效应指出，在证券市场中，过去一段时间收益率高的股票在未来依旧会获得高于过去收益率低的股票的收益。此外，研究者发现的市场异象还包括公共效应（Watts，1978）、一月效应（Rozeff，1976）、规模效应（Banz，1981）等。上述这些市场异象的发现极大地挑战了 Fama（1970）基于理性人假设所提出的有效市场假说，因为在他的假说中，交易者是理性的，所以市场不存在明显的套利机会。

以上有关市场异象的研究表明理性并不符合个体的行为特征，赫伯特・西蒙提出的有限理性假设也认为现有经济理论如果要具备更强的现实解释力，就需要放宽完全理性的条件，注重于探讨基于不完全信息和有限行为能力的理性行为过程[①]。基于此，研究者开始引入心理学中关于个体行为决策的研究成果以进一步放松理性经济人假设，并在此基础上产生了行为金融学。早期行为金融学主要侧重于对投资者的非理性行为进行阐释以解释和预测金融市场的现象。截至目前，已经发现并证实的非理性行为就有几十种，例如，Kahneman 和 Tversky（1979）的研究发现人们在面临确定收益时是风险厌恶的，但在面临确定损失时则是风险偏好的，并将其总结为确定性效应和反射效应；Alpert 和 Raiffa（1982）就直接指出人们认为一定会发生的事情实际上只有 80%的发生概率，而认为一定不会发生的事情则有约 20%的发生概率；Thaler（1985）的研究指出行为个体普遍存在一个或多个明确或者潜在的心理账户，这些账户体系往往会遵循一些有悖于经济学运算规律的潜在心理运算规则，从而使个体的决策违背最简单的经济法则；Shefrin 和 Statmen（1985）的研究发现证券市场投资者普遍倾向于过早出售盈利的股票，同时长时间保留亏损的股票，并将这一非理性行为命名为处置效应；Samuleson 和 Zeckhauser（1988）的实验发现，人们在维持现状与更好选择之间进行决策时，往往倾向于选择维持现状；Barber

① Simon H A. Models of Bounded Rationality[J]. Aaai Fall Symposium on Rational Agency，1982(13)：2756－2757.

和 Odean（1999）的研究发现即使过度交易有损盈利，但证券市场投资者仍倾向于频繁交易股票；Hammond 等（1998）则结合已有研究成果对锚定效应、维持现状偏差、沉没成本效应、证实性偏差、框架效应、估计与预测偏差、过度自信、过度保守和回忆陷阱 9 种决策陷阱下的非理性表现及克服方法进行了深入的研究。除了上述非理性行为，能够列举出的其他非理性行为还有很多，例如从众效应（Grinblatt、Titman 和 Wermers，1994）、后悔厌恶（Reb 和 Connolly，2010）、推卸责任效应（kane，1997）等，而对这些非理性行为的证实也表明非理性行为对于行为主体的影响是现实并且广泛存在的。

针对众多非理性行为的解释，心理学家和行为金融学家同样进行了大量细致并卓有成效的研究，提出并发展了前景理论、后悔理论、过度自信理论和启发式思考理论四个重要的行为理论。

2.1.1 前景理论

在行为金融研究中，Kahneman 和 Tversky（1979）将认知心理学、社会心理学和金融学结合后提出的前景理论是最具代表性的研究成果，标志着人类对于一般经济决策领域非理性行为的探讨取得了重大进展。在前景理论提出前，Neumann 和 Morgenstern（1944）提出的预期效用理论一直是用于分析风险决策行为的基本理论依据，但由于阿莱悖论、艾尔斯伯格悖论的提出而受到极大的挑战。在前景理论中，个体的决策认知过程被划分为编辑阶段和评价阶段。在编辑阶段，个体决策的任务是对各类决策信息进行编码、化简、归并、分解等加工处理，而加工处理过程常受决策者认知局限的影响。在评价阶段，决策主体的任务主要是依据价值函数、权重函数赋予备选方案不同的效用值，最终选取主观效用值最大的方案，而价值函数的评估遵循的是损失厌恶这一基本假设，即相对收益，决策者对同等数量的损失更敏感。前景理论的基本假设包括五点：第一，大多数人在面临获得时是风险规避的；第二，大多数人在面临损失时是风险偏好的；第三，人们在实际决策中对损失比对收益更加敏感，损失带来的痛苦相当于两倍数额的等量获益所产生的感受；第四，人们在决策中常根据参照点来定义价值，而非真实价值；第五，人们在真实决策中常对结果出现的概率做出主观判断，而非事物真实发生的概率。前景理论的提出有效地解释了存在于经济生活中的很多非理性行为，例如，Thaler（1985）用前景理论中的主观价值函数解释了人们在不同心理账户下的行为特征；Kahneman、Knetsch 和 Thaler（1991）的研究就认为损失厌恶导致了物品拥有者给物品赋予更高的价值，并进而出现禀赋效应；Weber 和 Camerer（1998）用损失厌恶解释了处置效应的产生，认为证券投资者倾向于将股票的购买价格作为决策的参照点，当在收益区域，个体由于更喜欢确定的收益而倾向于卖出股票以实现收益；当在损失区域，因为个体不喜欢确定的损失，所以他们会倾向于持有手中的亏损股票以回避损失实现。除了上述非理性行为，包括维持现状偏差、确定性效应等在内的很多非理性行为也都可以用前景理论来解释。Barberis、Mukherjee 和 Wang（2016）的研究认为当考虑将钱分配给股票时，投资者在心理上会用过去收益的分布来表征股票，然后用前景理论所描述的方式来评估这种分配，即在一个资产价格的简单模型中，投资者会有一种倾向，即认为一个过去收益分配具有高（低）前景理论价值的股票，其随后的平均回报率会更低（高）。

2.1.2 后悔理论

最早将后悔用于经济领域研究的是 Savage（1954），他认为相比预期效用最大化的选项，人们在实际决策时更倾向遵循“最大最小化后悔”原则，即在后悔最小的选项中选择效用最大化选项。Loomes 和 Sugden（1982）以及 Bell（1982）首次提出了后悔理论，将后悔作为影响人类决策的重要因素加以讨论。后悔理论的基本假设包括四点（Connolly 和 Reb，2005）：第一，人们对后悔是内在厌恶的，这也是解释和预测某些非理性行为发生的基础，它意味着人们在面对有关后悔的决策时是内在厌恶的，常倾向于规避后悔情绪，即使这种规避行为会牺牲一些实际的客观收益（Zeelenberg，1999；Connolly 和 Butler，2006）。第二，在做决定时，后悔是可以被预期的，并且会被纳入决策的考虑因素。第三，个体决策中的后悔分为体验后悔和预期后悔两类，其中，体验后悔与实际发生的决策结果相关，即已选决策选项带来的结果不如预期，或放弃的选项带来更好的结果时所体验的后悔情绪（Loomes 和 Sugden，1982；Zeelenberg 和 beattie，1996）。相比之下，预期后悔则意为决策者会提前预测不同选项的后悔强度，并且将预期后悔的强度视为选择后悔最小化选项的基础（Janis and Mann，1977；Reb，2005）。第四，与结果相关的预期后悔程度是由所放弃选择导致的结果决定的。

后悔理论同样适用于很多非理性行为现象的解释。例如，Tenberge（2009）的研究就用后悔厌恶解释了处置效应，认为人们之所以不卖出亏损的股票是因为担心自己会后悔；Connolly 和 Reb（2012）的研究发现，当被试者考虑决策可能产生的预期后悔时，决策过程会更为小心和谨慎，这导致了包括诱饵效应（Decoy Effect）、最重要属性效应（Most-Important Attribute）等在内的决策偏差的降低；Krähmer 和 Stone（2013）的研究用后悔理论解释了不确定性规避现象，认为由于害怕后悔，人们通常会追求确定的状态以规避后悔。Somasundaram 和 Diecidue（2017）的研究指出后悔的决策者对于低（高）可能性的收益是风险寻求（风险厌恶）的，并且关于前一种选择的反馈强化了风险态度，这一假设也得到了实验的验证。

2.1.3　过度自信理论

过度自信源于认知心理学的研究成果，意为个体在决策时倾向于低估自身知识的缺乏并且认为自己所知道的要远高于实际情况的特征（Baron 和 Markman，2000）。在认知心理学的研究中，个体的认知被认为具有保守性的特征，即“人们总会尽力去保护已经形成的认知，去维护我们先前存在的知识、信念、态度和定型”。[①]Klayman（1995）的研究也指出个体在形成决策时，经常主观地决定一个估计点，然后依照这个估计点来寻求支持结果的证据，并且总是以所谓的“事实”来说明当初的估计点是一个很好的猜测，而最初的回答所获得的支持就往往高于客观上应该获得的支持。认知保守性的假设构成了过度自信理论的基础，在现实中，过度自信带来的结果就是无意中为自己所拥有的知识和信息的准确性赋予过高的权重，并进而导致了较低的决策质量（Lichtenstein 和 Fischhoff，1977）。Moore 和 Healy（2008）认为存在三种不同类型的过度自信，即过高评估（Overestimation）、过高定位（Overplacement）和过度精准（Overprecision）。具体到证券市场参与者的经济决策行为，过度自信表现为对个体对私人信息的过度信赖，认为私人信息要比公共信息更准确，并且还高估自己的信息评价能力，忽视了评价过程中可能存在的方差。Odean（1998）的研究认为，不同类型的过度自信交易者会对市场产生不同的影响，其中，过度自信交易者会导致市场平均交易量的增加，并带来期望效用的下降，同时，不同类型的过度自信交易者也会对市场价格波动程度和价格质量产生影响。Wang 和 Zhou（2017）的研究证实管理者过度自信与过度投资呈正相关关系，并且当增加交叉项目时，会加强对过度投资的过分自信程度。

2.1.4　启发式思考理论

启发式思考理论是由 Tversky 和 Kahneman（1974）提出的，用于描述个体在不确定性情况下的决策特征。他们的研究认为，当个体对不确定事件进行判断时，经常会根据习惯或以往经验的启发走一些思维的捷径以规避事物的复杂状态，而启发式思考的方式则包括代表启发式、易得启发式和锚定启发式三类。具体而言，代表启发式是指人们在不确定的条件下会根据事物的“代表性特征”做出相应判断，即以两个事件之间是否具有相似的代表性特征为判断依据，通过事件 A 的信息来估计评测事件 B 发生的概率；易得启发式是指个体在决策中容易受到经常出现和最近出现信息的影响，并倾向于将这些易得的信息与目前的决策情境相联系；锚定启发式是指当个体在进行数量化估计时受到该项目先

---

① 埃利奥特·阿伦森．社会性动物［M］．北京：新华出版社，2001．

前价值的影响而做出的决策行为的偏差。针对启发式思考的原理，Gigerenzer（2000）的研究提出，由于生物和社会进化使得人类具备了一套心理捷径程序以对问题做出快速反应，人们在日常生活中会利用适应性工具箱做出决策而无须做复杂的理性计算。启发式思考理论也符合了认知的一条重要原则，即我们如何解释事件，往往取决于我们当前所考虑的事情以及我们理解事物所采用的方式和途径。

启发式思考在帮助人们快速地做出决策判断的同时也可能引起一些判断偏差，进而导致非理性行为的发生。例如，Tversky 和 Kahneman（1983）的研究就系统地分析了合取谬误现象，认为合取谬误的产生是因为人们用事物的代表性或相似性作为启发式属性来估计事件发生的概率；Debont 和 Thaler（1985）的研究表明证券市场上存在“反转效应”，认为投资者对股票市场信息是过度反应的，而这也是由投资决策者在不确定条件下的启发式思考偏差造成的。具体而言，投资者在面对突然的或未预期到的事件时，倾向于过度重视眼前的信息并轻视以往的信息，从而引起股价的超涨或者超跌，等到投资者理解了事件的实际意义，股价的超跌就会反转，最终恢复到理性的内在价值区间。除了合取谬误和过度反应，包括回忆陷阱、赌徒谬论、首因效应、处置效应等在内的其他一些典型的非理性行为也可以由启发式思考理论来解释（Chang、Jiang 和 Kim，2009；Moosa 和 Ramiah，2017）。

由上述研究综述可以看出，行为金融研究的主要目的是描述和解释投资者及一般人群的经济决策行为，并进而对市场异象进行解释，其最重要的贡献在于以“非理性假设”取代了传统金融研究中的“理性人”假设。然而，由于非理性是一个丰富而复杂的概念，现有行为金融理论虽都以“非理性”为研究出发点，但在具体研究假设的选择和提出上却存在明显的不同，并且也都只是整体非理性概念的具体和局部的体现。因此，目前非理性行为的理论研究中存在的问题就是每个理论都具备一定的合理性，但其解释力度和范围明显存在局限性。基于此，本书在进一步的研究中主张从整体和系统的视角来审视“非理性”，通过整合已有研究理论的不同假设来更为全面和深入地发现非理性行为的特征和规律，并将其与具体的研究对象相结合以形成更有效和可信的研究理论。

2.2 非理性行为的关联性研究综述

非理性行为在实践中很少单独出现，而是相互联系、相互影响、相互交叉的。目前学术界对于非理性行为之间关联性的研究并不多，且主要以一般投资者和管理者为研究对象，探讨的也多为两个非理性行为之间的相关性。例如，Griffin 和 Tversky（1992）的研究表明投资者的过度自信与锚定效应之间就存在着相关性。Ch’ng 和 Zaharim（2010）的研究则发现证实性偏差对于过度自信有着显著的强化作用。Katarina 和 Iris（2011）针对儿童所做的实验发现框架效应与证实性偏差之间存在显著相关关系，即处于正面框架下的人要比处于负面框架的人有着更低的证实性偏差倾向。Tehrani 和 Gharehkoolchian（2012）的实证研究结果表明处置效应与后悔厌恶之间存在显著的正向相关关系，而与过度自信和心理账户之间则不存在显著相关关系。类似的非理性行为的相关性研究还有很多，为方便对现有研究进行梳理和总结，本研究将主要的研究成果以表格形式呈现，具体内容如表 2－1 所示。

表 2－1　　各种非理性行为偏差之间相关性研究成果举例

	模糊厌恶	易得启发式偏差	证实性偏差	处置效应	确定性效应	损失厌恶	心理账户	过度自信	后悔厌恶	锚定效应	框架效应
模糊厌恶	—	—	—	—	—	—	—	—	—	—	—
易得启发式偏差		—	—	—	—	—	—	—	—	—	—
证实性偏差			—	—	—	—	—	—	—	—	—
处置效应				—	—	—	—	—	—	—	—
确定性效应	Viscus 和 Chesson, 1999			Shefrin 和 Statman, 1985	—	—	—	—	—	—	—
损失厌恶	Viscus 和 Chesson, 1999			Dhar 和 Zhu, 2002		—	—	—	—	—	—
心理账户				Shefrin 和 Statman, 1985		Thaler, 1985	—	—	—	—	—
过度自信		Russo 和 Schoema-ker, 1992	Ch’ng 和 Zaharim, 2010		Resumo, 2010	Resumo, 2010	Tong 和 Hao, 2014	—	—	—	—
后悔厌恶				Tehrani 和 Gharehkoolchian, 2012		Li, Ren, Ma 和 Liu, 2009			—	—	—
锚定效应								Griffin 和 Tversky, 1992		—	—
框架效应		Katarina 和 Iris, 2011									—

从表 2-1 中可以看出，大多典型的非理性行为并不是相互独立的，并且不仅非理性行为之间存在关联，而且不同行为金融理论的基础假设之间也存在关联。为了清晰地展示这一点，笔者根据以往非理性行为的关联性研究成果绘制了一张非理性行为关联图（见图 2-1）。

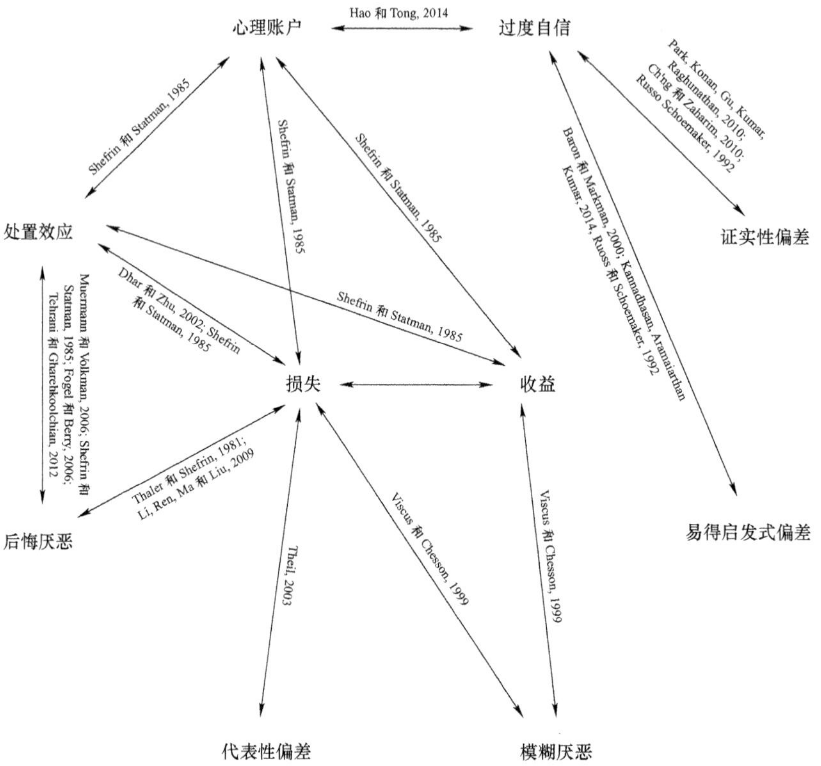

图 2-1　基于已有研究成果的非理性行为关联图

由图 2-1 可以发现，目前关于非理性行为关联性的研究较为分散，研究者主要依据特定的非理性假设来描述和解释不同的非理性行为现象，但这些非理性假设之间却存在着明显的联系，这就导致相同的非理性行为现象可以由不同的行为金融理论来解释，并且不同的非理性行为现象之间也存在着明显的联系。因此，通过上述研究回顾可以发现，现有关于非理性行为的关联性研究虽为理解非理性行为的内在机制提供了必要的手段，但缺少从整体层面对多个非理性行为关联性的探讨，这就导致所得出的研究结论过于分散和具体，难以全面刻画非理性行为的内在规律。此外，从研究回顾中还可以看出，不同非理性行为之间的相关性也存在不确定性，而这与不同文献的研究背景和研究对象有着直接的关系。因此，本书认为对于非理性行为内在规律的探讨需要与特定人群相结合，注重对多个非理性行为之间的局部和整体关联性进行研究，这就需要借助于新的研究方法和研究工具来实现。

2.3　证券监管者非理性行为的研究综述

行为金融学对投资者的非理性行为进行了多年的研究，但对金融监管者尤其是证券监管者非理性行为的研究并不多，直到最近十多年才逐渐被研究者重视。在最初的研究中，研究者主要借鉴行为金融学的研究成果对金融监管者的非理性行为进行阐释，认为监管者不仅不比市场投资者更理性，反而在有些行为偏差中表现出更高程度的不理性。Shiller（2001）的研究就认为金融市场上的监管者普遍过度自信，容易受到锚定效应的影响，这种非理性行为会影响金融市场参与者对其进行价值判断，并提出将监管目标唯一化是提高监管水平以及监管效率的有效途径。Mitchell（2002）通过研究发现，金融市场监管者在监管过程中受信息可得性的影响而产生行为偏差，这种偏差会导致监管者更相信自己由于更容易掌握更多的信息，因此对金融市场出现的问题能够施加更有效的控制。Choi 和 Pritchard（2003）认为，金融监管者存在着普遍的从众心理，当金融市场上存在异常现象时，尽管一些监管者或许意识到这些异常现象可能造成的后果，但由于受从众心理的影响，监管者失去了独立判断，并且提出符合社会大众和主流媒体的监管意见，从而使得证券市场失去了一些正确的反对性意见，也使得监管的效果得不到保证。Hirshleifer（2008）认为政府比市场更不理性，他从心理学角度分析金融监管者的行为，提出金融监管是金融市场中政治参与者心理偏差的结果，这些心理偏差包括：显著和生动效应（Salience and Vividness Effects）、忽略偏见（Omission Bias）、代罪和排外效应（Scapegoating and Xenophobia）、公平和互惠标准（Fairness and Reciprocity Norms）、过度自信（Overconfidence）、情绪效应和易得启发式偏差（Mood Effects and Availability Cascades）和意识形态的复制者（Ideological Replicators）。

证券监管者的非理性行为研究方面，Kane（1997）指出证券监管者与一般的证券投资者一样，当面对监管无法取得预期效果的时候会倾向责备他人、推卸责任。在他的研究中总结了监管者推卸责任的四种方法，即障眼反射（Blindfold Reflex）、掩盖反射（Cover-up Reflex）、分散注意力反射（Distraction Reflex）和替罪羊反射（Scapegoat Reflex）。Prentice（2005）提出，证券监管部门应当公开说明自身的局限性，向其他市场参与者阐明证券监管者也可能是非理性的，不应把自己打扮成超越于证券市场其他参与者之上的理性超人。Jolls

（2006）的研究也表明尽管证券监管者认为自己处于中立地位，而且拥有更多的信息，但在处理信息时，监管部门的工作人员根本没有时间和精力翻阅所有这些信息，更谈不上运用，只是用那些容易获得、容易注意、容易记忆的信息，很难避免可得性偏差的影响。Glaeser（2006）的研究发现相比于大型证券机构，证券监管者在关闭小型证券机构时要果断得多，据此认为证券监管者存在着很强的损失厌恶倾向，更容易接受小型机构关闭出现的小额损失。Cooper 和 Kovacic（2012）的研究认为有缺陷的启发式和近视效应会促使证券监管者采用与政治监督偏好相近的政策，以此得到政治上的支持并最大化短期产出，而非最大化长期的社会整体福利。Berglund（2014）的研究也发现证券监管者在面对复杂的监管问题时会出现非理性行为，通过过度监管来降低自身的责任以应对外部压力。

在国内研究方面，赵静梅、吴风云（2008）呼吁中国证券监管的理论研究中要引入行为金融学的研究理论和方法，重视对于中国证券监管者非理性行为的研究。柯象中（2008）的研究发现，相对于散户而言，中国的证券监管者、上市公司和机构投资者同样不成熟、非理性。尚洁（2011）认为中国监管者倾向于将好的市场发展状况归功于自己，而当市场表现不好时则将其归因于客观因素，加之中国证券监管者是整个证券市场规章制度制定以及实施的主体，致使监管者比其他证券市场主体表现出更为频繁的过度自信行为。肖崎（2011）认为证券监管者会因损失厌恶的影响而导致监管过度或监管不足。郝旭光（2015）通过问卷调研系统研究了监管者存在的 9 种非理性行为，并且与其他市场参与者的非理性行为做了全面比较，发现监管者的非理性程度与其他市场参与者没有差别。

通过对上述国内外关于监管者非理性行为的研究进行梳理和总结发现，证券监管者存在的非理性行为以及对监管有效性的影响可以大致分为四类：第一，证券监管者存在过度自信，表现为武断地判断市场并对市场进行频繁干预。此类研究通常认为证券监管者会过度相信自己的角色权力以及所掌握的市场信息，觉得市场中的问题都可以通过监管来解决，并试图将自己所认为正确的决定施加于市场。第二，证券监管者存在从众效应，表现为盲目监管和选择性监管。此类研究认为证券监管者为了减少自身所承担的监管责任而选择不表达与市场主流意见相反的监管观点，盲目对市场的意见做出反应，并倾向于以迎合外部压力的方式选择性地对一些问题进行监管。第三，证券监管者存在损失厌恶，表现为监管的滞后以及过度监管。此类研究认为监管者由于担心不当监管所造成的声誉及自身利益的损失而选择不立刻对新出现的市场问题做出反应，同时，一旦监管没有达到预期效果，证券监管者又会积极地寻求和制定新的决策以规避损失。第四，证券监管者存在启发式思考偏差，表现为过度监管和选择性监管。此类研究认为证券监管者在监管中会受到先入为主观念的影响而出现对市场问题过度反应或反应不足的情况，并且证券监管者在信息处理时也不是中立的，他们会不断寻求有利于自己或易得的证据以对所实施的监管行为进行判断。

上述关于证券监管者非理性行为的研究主要讨论了监管者某类非理性行为的表现、原因和危害，并且通过与被监管者进行对比以分析和判断监管者的决策理性水平。除了上述关于证券监管者非理性行为的证实性和解释性研究，近些年，国内的学者开始从非理性行为的关联性角度来探讨证券监管者在多类非理性行为表现上的特征和内在原因，力图拓展监管者非理性行为研究的深度和广度，其中的典型研究成果如下。郝旭光、张士玉、于海娇（2012）的研究发现中国证券监管者的自我服务偏见和后视偏见之间存在较强的相关性，前者是后者的一个组成部分，后视偏见和推卸责任之间的相关性则较弱。郝旭光、李放、张士玉（2013）的研究验证了中国证券监管者存在先验假设偏差、立即满足偏差和回忆陷阱，并且这三项行为偏差间存在相关性，由此提出了由于监管者过度自信导致监管决策失误的路径。郝旭光、刘欢、张士玉（2014）的研究得出证券监管者存在控制力幻觉、随机性误解以及联合分离事件偏差三种非理性偏差，且三种非理性偏差两两之间的相关关系不显著的结论。郝旭光、佟薇（2014）的研究认为监管者与一般管理者存在不同程度的心理账户、过度自信及锚定效应，且三种行为偏差之间彼此具有相关性。郝旭光、张嘉祺、刘子建（2016）的研究发现，对于证券投资者来说，沉没成本效应主要与损失厌恶相关，而对于证券监管者来说，所存在的沉没成本效应却主要与后悔厌恶相关。郝旭光、张嘉祺、邱筱青（2016）的研究则表明无论是监管者还是投资者，代表性偏差与处置效应之间都存在着显著的相关性。上述关于证券监管者非理性行为的关联性研究弥补了以往对于证券监管者非理性行为背后认知规律研究的不足，所得结论也能够与以往行为金融研究中的结论进行对比，对于发现符合证券监管者自身特征的非理性行为认知规律有着重要的意义。

通过上述文献回顾和梳理可以发现，现有证券监管者非理性行为的研究本质上是行为金融学在证券监管领域的应用和延伸，为打开监管“黑箱”以全面理解证券监管提供了必要的研究思路和研究方法。但同时，现有研究普遍缺乏系统性，表现在不同研究成果之间相互独立、缺少联系，造成了“只见树木，不见树林”的缺陷。具体而言，已有研究认为证券监管者难以避免非理性心理的影响，但在进一步的讨论中却集中于某一个或某几个非理性因素，并进而将其视为监管行为的典型特征，这导致了对于监管形象理解的偏见化和碎片化，不利于真实监管行为特征的呈现。例如，在已有研究中，过度自信和从众效应分别被认为是证券监管行为的典型特征，过度自信意味着监管者对于自己所掌握信息和知识的正确性具有较强的信念而不容易受到外界影响，从众效应则意味着监管者容易受到外界因素的影响而在决策判断中表现出符合多数人想法的行为方式。一般而言，过度自信和从众效应从含义上来说存在一定的负相关性，个体越相信自己，他就越难受到从众效应的影响，所以，如果认为监管者既是过度自信的又是从众的，但又缺少系统性的解释，这就会使监管者非理性行为的研究失去现实意义。碎片化研究结论的积累反而会导致我们离“真实的监管者”越来越远，因此，系统性和整体性的研究思路和研究方法对于证券监管者非理性行为的研究十分重要。此外，已有行为金融的研究成果主要是为了描述和解释市场投资者以及一般人群的非理性行为，相关结论是否适用于证券监管者仍是一个需要深入讨论的问题。在目前证券监管者非理性行为的研究中，研究者普遍继续沿用行为金融理论的基础假设，通过将经典的非理性行为与监管行为特征进行结合以解释监管有效性的不足，导致了脱离证券监管人群的“证券监管者非理性行为”。因此，有必要探讨不同人群在多个非理性行为上的表现，突出证券监管者非理性行为的特征，为深层次规律的研究打下基础。

第 3 章

中国证券监管失灵的监管行为特征分析

3.1 问题提出

为了优化和提高证券监管的效率和效果，中国政府一直都在积极探索和完善证券监管制度，监管理念也从早期的行政色彩浓重向现在的保护多方投资者利益转变，并且逐步重视系统性风险的防范与化解以确保证券市场乃至金融市场的安全。但同时，目前的中国证券市场监管者仍未能很好地履行和实现监管目标的要求，常频繁干预市场，所推行的大量监管政策也缺乏客观性和连续性，这就导致上市公司欺诈、价格操纵等违法违规行为屡禁不止，不仅影响了投资者对于中国证券市场的投资信心，也限制了证券市场的进一步发展。对此，习近平总书记在 2017 年第五次全国金融会议上进一步强调了监管改革的重要性，指出“要增强金融监管协调的权威性和有效性，强化金融监管的专业性、统一性和穿透性”。因此，研究中国证券市场监管不能想当然地假定监管总是能达到预期目的，更不能想当然地假定监管部门的监管行为总是正确的，而要着重强调有效监管，通过对影响证券市场监管有效性的因素进行全面、系统的讨论以构建更为科学的理论体系，而这对于改进和增强中国证券监管的有效性也无疑有着重大的理论和实践意义。

现有研究对中国证券监管的有效性进行了较多的探讨，普遍认为中国证券监管无论是效率还是效果都存在明显的不足。例如，陈国进、赵向琴、林辉（2005）的研究发现，在处罚公告日前后，投资者普遍遭受了非正常损失，这说明在违法违规的处理方面，监管并没有对投资者利益起到切实的保护作用；张宗新和朱伟骅（2007）指出从对内幕交易和违规信息披露的实际监管效果来看，中国的证券监管对于投资者利益的保护依旧是不足的，并且对投资者的保护水平远低于国际平均水平；郝旭光、范红岗和周智丽（2010）通过对三次监管政策实施前后上证综指的日波动率进行实证分析后认为，中国证券监管维护证券市场稳定的根本目标并没有有效实现；郝旭光（2011）通过对七类市场参与者的实证调查研究发现，所有被调查者对中国证券监管效果的整体评价和对具体政策效果的评价都没有达到及格水平；郝旭光（2013）通过向监管部门、基金公司、券商、上市公司等进行问卷调研发现，所有被调查者对证券监管有效性的整体评价和对具体政策效果的具体评价都没有达到4分（满分为7分）的水平，说明中国证券监管的有效性存在很大不足；廖瞰曦和陈秧秧（2013）通过研究中国证监会在1993—2013年对内幕交易的监管效果后发现，监管部门对于内幕交易的曝光和处罚力度明显不足。监管目标和结果的不一致表明中国证券监管者的监管行为是存在问题和缺陷的，而已有研究也发现和总结了其中的一些典型的监管行为，并对这些监管行为进行了深入的分析。例如，Cheng（2008）的研究指出监管者之所以放松对一些内幕交易案件的处罚是因为这些案件涉及高级党政官员，而监管者并没有权利对其进行直接处理；陈月生（2010）的研究发现在中国证券市场上存在过度监管的问题，这源于政府在市场中所扮演角色的冲突；张东龄（2016）通过对2015年股灾中存在的监管问题进行反思后指出中国的证券监管存在敏感度不高、力度松懈、自律意识薄弱和专业性不足的问题，并将原因归于监管体系的不完善。

针对中国证券监管有效性的不足，以往研究也依据经济学、法学、心理学等不同学科的基本原理进行了大量的探讨，认为监管制度不完善、监管信息不对称、监管理念偏差等因素是导致监管有效性不足的主要原因。例如，罗正英和陈莉（2008）的研究认为，中国证券监管有效性的提高很大程度上依赖证券监管者的工作积极性、责任心和综合素质，因此，监管部门只有强化对证券监管者的激励才能促使其加强监管力度、提高监管效率；郝旭光等（2012）通过建立监管失效原因模型并进行分析后指出，中国证券监管理念的偏差导致监管部门在处理证券市场问题时缺乏清醒、深刻的认识，在监管过程中违背了“三公”原则，进而导致监管部门在制定相关政策时“考虑不全面，措施不配套，”从而降低了监管的有效性；司茹（2013）以 2007—2012 年受监管处罚的非金融类 A 股上市公司为研究样本，发现监管部门的执法效率明显受到政治关联的影响，表现为对有政治关联上市公司的处罚时间要显著高于没有政治关联的上市公司；王刚、任浩聪和雷薇（2015）的研究指出，当前影响中国金融监管效率的因素主要包括五点，即监管外部环境不完善、监管多重目标冲突、监管治理框架不健全、行政控制导向严重和监管标准不统一；赖华子（2016）通过回顾场外配资的监管实践指出，事先准备不足、监管理念偏差、监管措施单一、缺乏监管启动机制以及监管人员素质低是导致监管不力的主要原因。

通过上述研究回顾可以发现，以往研究主要从中国证券监管的内在特征出发对监管有效性不足问题进行阐释，在取得丰富研究成果的同时，也存在明显的缺陷。具体而言，关于监管内在特征的问题其本质是一个“仁者见仁，智者见智”的问题，研究者可以根据自身的经验和不同的研究理论不断提出研究假设，这些不同假设虽在一定程度上能够反映真实的中国证券监管特征，但相互之间缺乏明显的联系，难以指明各种特征之间的相对重要性，这就导致它在解释监管有效性方面广泛却不精确，尤其缺乏明显的因果区分。事实上，在实际监管中，监管的有效性往往取决于市场对监管政策的认可和执行程度，而监管的行为方式在其中就起着直接的作用，因为只有当监管行为方式越符合市场规律、越秉公无私时，市场参与者才会越有意愿信任并遵从监管政策的要求，监管的有效性也会自然而然地得到提高。因此，本书认为，在对中国证券监管有效性问题进行探讨时，需要注重对监管工作方式及行为特征的研究，通过改进监管的行为方式以最终达到改进监管有效性的目的。

目前，关于中国证券监管行为特征的研究主要是针对个别监管行为特征的演绎性研究（杨晓维和赵娟，2009；郝旭光、李放和张士玉，2013；章铁生，2016），缺乏归纳性的实证研究以对不同监管行为特征进行提炼和归类，这就导致现有研究对中国证券监管的行为特征缺乏整体性认识，尚难以形成系统性的研究理论。因此，本书的研究将采用半结构化访谈的方法收集丰富的一手调查数据，应用 Bergman（2010）提出的解读式内容分析法（Hermeneutic Content Analysis，HCA）对访谈数据进行三步骤的挖掘和分析以构建中国证券监管的行为特征模型，并借此回答以下三个研究问题：中国证券市场监管中哪些行为特征可能降低了监管的有效性？导致监管有效性降低的不同监管行为特征之间的共性和差异是什么？非理性因素在其中扮演着什么样的角色？

3.2 研究设计

3.2.1 访谈设计与数据收集

本书主要以半结构化访谈（Unstandardized Interview）的方式获取一手研究资料。半结构化访谈是指按照一个粗线条式的访谈提纲而进行的访谈，不同于结构化访谈和非结构化访谈，半结构化访谈在内容和形式上具有一定的弹性和自由度，访谈者与访谈对象会对某一范围内的话题按照事先的访谈提纲进行交谈，访谈者可以根据访谈时的实际情况对提问的方式和顺序等进行灵活的调整。之所以采用半结构化的访谈形式，原因在于以往研究尚未清晰定义中国证券市场监管行为特征所包含的具体内容，而半结构化访谈的形式可以帮助我们获取更多客观的事实材料以对此问题进行深入理解和探讨。

基于此，在具体访谈的设计中，笔者首先通过小规模座谈会的形式收集和整理了业内专家关于访谈提纲的观点和建议，初步形成了一份包含 15 道题目的访谈大纲。为进一步检查访谈题目的有效性和访谈过程的严谨性，笔者预访谈了 2 名长期从事证券市场投资研究的学者以及 3 名有着 10 年以上证券投资经历的基金经理，根据访谈的过程、结果以及受访者的事后意见反馈，修改后选取了 6 道题目形成最终的访谈大纲。简言之，最终形成的访谈大纲并不直接询问受访对象对于“中国证券市场的监管行为特征是什么”这一问题的认识，而是鼓励受访者结合自身经历和体验不断地给出观点和看法，并且在访谈过程中还会根据受访者的回答不断调整问题的顺序和询问方式。

在受访者的选择方面，本书以机构投资者、散户投资者和专家为主。之所以没有选择监管者作为直接的受访对象，原因包括两点：一方面，由于选择性知觉的作用，监管者通常不会主动将监管失效与自身监管行为联系在一起，而研究也表明证券监管者对监管有效性的评分通常要远高于其他市场参与者（郝旭光，2011）。事实上，由于长期从事证券监管活动，监管者作为当局者对自身监管行为特征的认识往往是不清晰和不准确的，并且由于职业立场以及外部压力的局限，通常难以真实表达自身观点。另一方面，作为监管的直接受影响者，从证券市场投资者和外部专家的旁观者视角出发更能客观描述监管的行为特征，并且也更容易充分表达自己的真实体验和观点而不受外界因素的干扰。在具体访谈数量的选择上，本书参照了 Baker 和 Edwards（2012）所发表的论文 *How Many Qualitative Interviews Is Enough: Expert Voices and Early Career*

Reflections on Sampling and Cases in Qualitative Research，并以其中的三个观点作为选择的依据：第一，研究所需的访谈数量以能解决研究问题为宜，通常情况下，学术研究所需要的深度访谈样本可以介于 12～60 之间。第二，具体访谈数量的选择并不存在标准答案，它需要基于对研究资源、研究目的、研究问题的重要性等因素进行考虑。第三，当更多的访谈不能获得新的内容和观点时，说明现有的访谈数量是足够的。基于上述标准，本研究先对 15 名中国证券市场的投资者进行了深度访谈。这 15 名受访者有着不同的身份背景，其中 5 名是机构投资者，8 名是散户投资者，2 名是从事证券投资研究的专家，他们的共同特征在于都具备两年以上的证券投资经历。访谈以半结构化形式展开，受访者根据自身的证券投资经历对包含监管在内的一系列市场相关话题进行讲述，访谈者则根据受访者的讲述内容灵活安排访谈问题的顺序和内容，并通过调整语言表述、增减访谈问题的方式获取与研究问题相关的信息。15 个深度访谈的总时长 6 个多小时，平均每个访谈时长约 25 分钟。访谈结束后，笔者将所有声音文件转化为文字形式并录入电脑。

访谈数据录入完成后，笔者邀请两名研究者对访谈内容中关于监管行为的表述进行了背对背编码，并在编码完成后对一致性进行检查，经过讨论达成一致意见。为了防止信息遗漏，本研究在完成第一阶段资料获取和编码后又增加了对 5 名中国证券市场投资者的深度访谈，其中 2 名为机构投资者，2 名为散户投资者，1 名为专家，并且都具备两年以上的证券投资经历。访谈内容和形式与之前一样，共获得总时长约 2 小时的访谈资料，并将其以文字形式录入电脑。在对这部分资料进行编码后发现并未出现新的概念以及核心范畴，说明本次访谈调查所得资料信息是较为全面的，能较好地用于进一步的分析和讨论。两个阶段共 20 名受访者的基本信息如表 3－1 所示。

表 3－1　　受访者的基本背景信息

受访者	性别	年龄/岁	学历	类型	从事证券投资时间/年
A 先生	男	26	本科	散户投资者	3
B 先生	男	28	本科	散户投资者	4
C 先生	男	27	硕士	散户投资者	4
D 先生	男	34	本科	机构投资者	8
E 先生	男	26	硕士	机构投资者	3
F 女士	女	54	大专	散户投资者	16
G 先生	男	42	本科	散户投资者	18

续表

受访者	性别	年龄/岁	学历	类型	从事证券投资时间/年
H 先生	男	31	硕士	散户投资者	3
I 先生	男	27	硕士	散户投资者	2
J 女士	女	35	本科	散户投资者	6
K 先生	男	29	硕士	机构投资者	4
L 先生	男	52	博士	专家	22
M 先生	男	54	博士	专家	22
N 先生	男	56	博士	专家	25
O 先生	男	28	硕士	机构投资者	2
P 先生	男	33	硕士	机构投资者	6
Q 先生	男	38	本科	机构投资者	12
R 先生	男	43	大专	散户投资者	9
S 女士	女	31	硕士	机构投资者	3
T 先生	男	28	硕士	散户投资者	2

3.2.2 数据分析

针对收集和编码的一手研究数据，本书采用 HCA 进行分析。HCA 是一种定性和定量相结合的混合方法研究（Mixed Methods Research），目的是从整体或更高层次上把握文本内容的复杂内涵，得出科学、符合事实的结论，获得一般从定性分析中难以找到的联系和规律。HCA 包含三个步骤：第一步主要对原始数据资料的定性内容进行分析，以辨认主题维度（Thematic Dimensions），第二步主要对所获取的主题维度进行定量分析，以发现背后的逻辑结构，第三步主要以定性分析的方式解读和改进第二步的逻辑结构，以得出最终的研究结论（Bergman，2010）。

基于此，本书的具体数据分析过程也分为三步。

在第一步的分析中，本书采用内容结构分析法（Content Configuration Analysis）（Bergman、Bergman 和 Gravett，2011）以辨认和概括文本资料中关于监管行为特征的主题内容，整个分析过程分为开放式编码、选择性编码和理论性编码三部分。在开放性编码中，我们对收集的所有访谈内容以逐行、逐句以及逐段编码的形式来提取相应概念，尽可能使用研究对象自己表达出的一些独特词语作为反映监管行为特征的观点，从 20 例访谈资料中共抽取 196 个初始概念（见表 3－2）。在选择性编码中，我们在开放性编码所获初始条目的基础上，更加有指向性和选择性地来筛选条目，以提取内容条目和主题维度，通过对开放性编码中的 196 个概念进行筛选、合并、分类，并在编码完成后对一致性进行检查，经过讨论达成一致意见。最终，我们共提取出关联度较高的 26 个内容条目，并进一步合并、分类为 9 个主题维度，即过度式监管、松懈式监管、选择式监管、失时式监管、盲目式监管、非协调式监管、不透明式监管、教条式监管和随意式监管（见表 3－3）。在理论性编码中，经过对选择性编码之间的关系比较、所抽取概念与监管事件之间的不断比较来最终构建出监管行为特征的构思模型。

表 3－2　　研究对象 A 的开放式编码示例

原始资料	开放性编码
	初始概念
中国的证券监管者是体制内的公务员。首先，他们做事不够专业，钻研度不够，比较浮于表面。其次，他们又不能在市场上进行实际操作，因为有限制不能开户炒股，所以他们远离市场很久，他们对于市场的了解来源于各个地方提供的信息，读一些研究报告类的东西，都是理论的东西，所以证券监管者喜欢从理论的角度去制定政策，可从理论角度制定决策的时候，不能保障决策的专业性 现实中的监管干预性太强，经常被市场上的机构所利用，比如去年股灾的时候，证券监管者又不希望大盘跌得太狠，所以就有很多机构利用证券监管者的救市政策为自己解套并盈利。证券监管者在干预的过程中，会产生这些情况，而在这些过程当中，机构投资者是获利的，而中小投资者是受害的 我觉得监管者只是政策的制定和执行人。作为监管层，一定要起到监督和惩处的作用，类似执法机关，所以应该对市场上的违规行为有很强的甄别能力。目前来看证券监管者的甄别能力很一般，并且对于违规操作的查处力度也一般 ……	A1－1 做事不够专业，钻研度不够，比较浮于表面； A1－2 远离市场很久，喜欢从理论的角度去制定政策； A1－3 监管的干预性太强 A1－4 监管对市场上的违规行为的甄别能力不强 A1－5 对违规操作的查处力度一般 ……

表 3－3　　选择性编码结果

主题维度	对初始概念的筛选与分类示例
过度式监管	A4－3 对做空机制的过度限制反而给市场带来了不稳定；A11－6 日趋严厉的监管使我们的券商业务出现停滞……
松懈式监管	A1－3 对违规操作的查处力度一般；A5－2 对于违法违规行为的监管得过且过，轻描淡写……
选择式监管	A7－5 对一些国企的监管存在明显的政策倾斜；A15－7 让贫困地区企业先上市既不公平也不公正……

续表

主题维度	对初始概念的筛选与分类示例
失时式监管	A2-2 熔断措施的推出时机明显没有考虑当时的市场背景；A15-3 对于很多市场问题监管的反应明显滞后……
盲目式监管	A2-6 监管经常对市场进行一些错判，让市场走向了不太正常的方向；A8-3 监管经常不按照市场的规律来设计和运行……
非协调式监管	A3-3 监管政策的制定和执行通常是互相背离的；A19-4 很多监管政策由于缺少相应的配套措施而出现草草收场的情况……
不透明式监管	A10-3 监管应采取听证会的形式，而不是某个部门关起门来制定决策；A17-4 监管信息并不公开，导致总是大的机构最先知道监管消息……
教条式监管	A5-2 监管者大多时候做事都很死板，不灵活；A12-7 监管常难以打破固有的惯性思维……
随意式监管	A4-5 监管政策要保持一致，不要朝令夕改；A20-6 政策出台经常为了应付一时的市场危机，等危机过后，又会换成其他政策……

在第二步的分析中，本书采用了多维尺度分析法（Multi-Dimensional Scaling，MDS）对九种监管行为特征背后的逻辑结构进行分析。MDS 是一种探索性数据分析技术，通过将含有多个变量的数据压缩到一个低维空间并形成直观的空间图形以展示变量之间隐藏的结构关系，空间图形中的每个点就代表不同的变量，点与点之间的距离则表示变量之间的潜在规律性关系。在具体的研究中，本书参考了 Eck 和 Waltman（2009）的研究，用关联强度（Association Strength）来计算不同监管行为特征间的距离，即：

$$S_A(c_{ij}, s_i, s_j) = c_{ij} / s_i s_j$$

其中，S_A 为任意两个变量的关联强度，c_{ij} 为两个变量共现的次数，s_i 和 s_j 分别为两个变量的出现次数。据此计算出的相似性矩阵如表 3-4 所示。

表 3-4　　九种监管行为特征的相似性矩阵

	过度式监管	松懈式监管	选择式监管	失时式监管	盲目式监管	非协调式监管	不透明式监管	教条式监管	随意式监管
过度式监管	—								
松懈式监管	.031	—							

续表

	过度式监管	松懈式监管	选择式监管	失时式监管	盲目式监管	非协调式监管	不透明式监管	教条式监管	随意式监管
选择式监管	.056	.048	—						
失时式监管	.048	.000	.037	—					
盲目式监管	.056	.048	.074	.037	—				
非协调式监管	.031	.061	.063	.095	.032	—			
不透明式监管	.036	.024	.019	.111	.019	.095	—		
教条式监管	.062	.036	.042	.042	.042	.036	.042	—	
随意式监管	.057	.057	.067	.000	.067	.029	.000	.025	—

当计算出所有变量之间的关联强度后，在 SPSS19.0 中输入相似性矩阵并运行 Multi-Dimensional Scaling（PROXSCAL）程序，最终得出 9 种监管行为特征的空间关系图。

在第三步的分析中，本书通过对 CCA 分析结果进行再分析以更好地理解 MDS 分析所得出的结果，并借此对 9 种监管行为特征背后的逻辑结构有了更为深刻的理解。

3.3　研究结果与讨论

3.3.1　存在与监管失灵相关的九种监管行为特征

1. 过度式监管

过度式监管是指监管部门对于市场问题的反应经常是过度的，并且对于市场有着较强的控制欲，这就使监管存在管的过多、管的过严和管的太频繁的情况。过度监管对于维持市场稳定、抑制投机有着重要的作用，但同样也限制了市场的活力，尤其是对一些创新性的金融活动有着负面的作用，并且更重要的是，过度监管可能会降低投资者自身的责任心，忽视对市场风险的评估，提高了道德风险，反而容易促使一些机会主义行为的发生。

2. 松懈式监管

松懈式监管是指证券监管部门对于市场违规违法行为的识别和处罚是不到位的，存在管得太松的情况。松懈式监管对于营造宽松资本环境、鼓励金融创新有着积极的作用，但同时也可能导致对侵害投资者利益行为的发现和查处不力，降低了公众对于监管公信力的信赖。

3. 选择式监管

选择式监管是指监管主体对不同的监管客体刻意采取区别对待的方式进行监管。在当前中国的监管制度下，选择性监管在一定程度上确实能够产生正面的示范效应，并且极大地节约了监管资源和监管成本。但同时，如受访者所说，监管者的选择性监管行为也极大地伤害了监管的公平性和公正性，并且使有法不依、违法不究在制度上具有合理性，间接鼓励了利用监管漏洞来获利的违法违规行为。

4. 失时式监管

失时式监管是指监管措施与解决市场问题之间的不匹配，事前监管的不足和事后监管的滞后凸显了中国证券监管者在面对和处理现实市场问题时的乏力，这也导致很多好的监管政策并不能落到实处以真正解决市场问题，降低了市场投资者的投资信心。

5. 盲目式监管

盲目式监管是指监管措施没有切中问题的本质，导致监管措施常偏离和背离市场规律。长期以来，保持市场稳定一直是中国证券监管的目标之一，因此，管制和行政干预也被认为是合理的。但事实上，对于市场问题的理解和解决应以不违背市场规律为前提，显然，行政化手段与此相背离，这也导致了监管“头痛医头脚痛医脚”的局面，其盲目性亦难使市场问题从根本上得以解决。

6. 非协调式监管

非协调式监管是指监管政策的制定和执行存在脱节和不协调的问题，导致很多好的监管政策“上行下不达”，这不但增加了证券监管者的监管成本，也降低了监管的公信力。

7. 不透明式监管

不透明式监管是指监管部门缺乏与社会公众的沟通，加剧了监管者与市场参与者之间的矛盾和隔阂，监管者所制定和推出的很多积极的监管政策不被市场参与者理解和认可，而一旦监管不能达到预期效果，市场参与者又会将其归因为证券监管者的失职。

8. 教条式监管

教条式监管是指监管部门在应用相关法律法规来处理市场问题时存在过于机械、过于教条的问题，这就导致监管工作效率非常低下，应对市场问题时不能因地制宜。

9. 随意式监管

随意式监管是指监管部门在推出和执行一些监管政策时过于随意，缺乏充分的市场调研，表现为采取一些未能促进市场发展的短期措施，并且朝令夕改现象严重，致使市场各方参与者难以形成一致的监管预期，也导致监管的内在权威性和说服力受到损失。

3.3.2　九种监管行为特征的关联结构分析

应用 SPSS19.0 中的 Multi-Dimensional Scaling（PROXSCAL）模块，经过碎石图检验显示(见图 3－1)，采用两个维度比采用一个维度的应力值下降迅速，而采用三个维度时，应力值的下降则逐渐趋缓，并且两维的模型已经足够解释数据结构的主要信息。

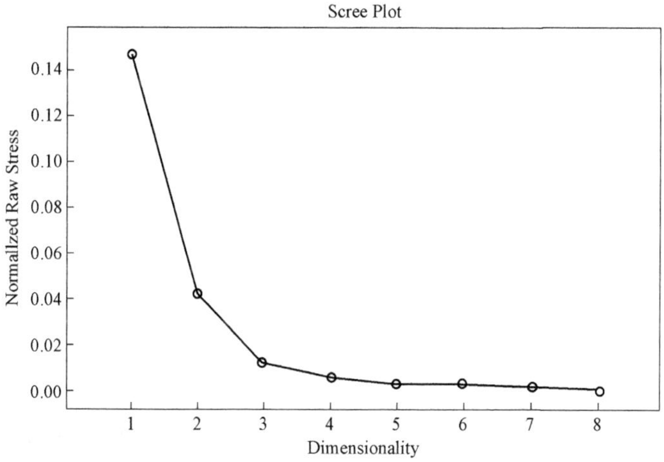

图 3－1　碎石图

进一步考察应力值和模型的拟合度可以发现，采用两个维度时应力值为 0.026 7。通常情况，应力值小于 0.2 就表明多维尺度的输出结果是可以接受的，而小于 0.05 则表明结果是优异的（Spence，1982）。此外，由于离散情况 DAF 值为 0.973 3，Tucker 吻合系数为 0.986 5，十分接近 1，表明模型的拟合度非常的好。因此，对于本书的研究而言，采取两个维度来分析监管行为特征的内在结构是十分合适的。图 3－2 为九种监管行为特征在二维空间中的定位图。

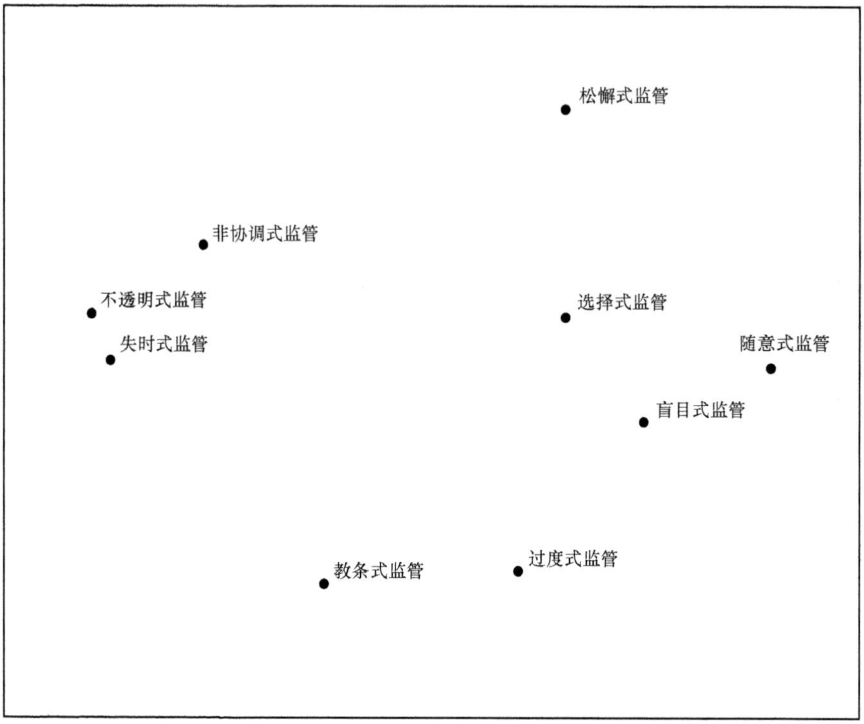

图 3－2　九种监管行为特征的空间定位图

图 3－2 中的点代表不同的监管行为特征在二维空间中的位置。在访谈数据中，如果不同的两个监管行为特征共现得越系统，就代表它们在空间图中所对应点之间的距离就越近，也意味二者之间的共性越多。相反，如果两个监管行为特征共现得越不系统，那么二者在空间图中对应点之间的距离就越远，也意味二者之间的共性就越少。例如，不透明式监管与失时式监管之间的距离很短，说明二者之间的共性很高，相比之下，不透明式监管与随意式监管的距离明显更远，说明二者之间的共性很低。为了进一步直观展示模型的结构特征，现以线段形式表示共性度最高的前 40%的关系，其中共性最高的前 20%的关系以实线连接，后 20%的关系则以虚线连接，结果如图 3－3 所示。

由图 3－3 可以清晰地看出，九种监管行为特征依据其空间关系可以被大致分为四类，其中，不透明式监管、非协调式监管和失时式监管共同构成了一个紧密联系的集群 A，选择式监管、盲目式监管和随意式监管共同构成了一个紧密联系的集群 B，教条式监管和过度式监管共同构成了一个紧密联系的集群 C，松懈式监管由于明显远离其他三个集群而独自构成一个集群 D。进一步的观察还可以发现，这四类监管行为在二维空间中并不是相互独立的，之间存在一定的联系。其中，由过度式监管所代表的 C 类监管行为与 B 类监管行为存在较为密切的联系，但与 A 类和 D 类监管行为却存在较少的联系。相比之下，由松懈式监管所代表的 D 类监管行为分别与 A 类和 B 类监管行为存在一定的联系，但联系的紧密性不够强。此外，A 类监管行为和 B 类监管行为之间并不存在密切的联系，说明这两类监管行为之间的共性很低。

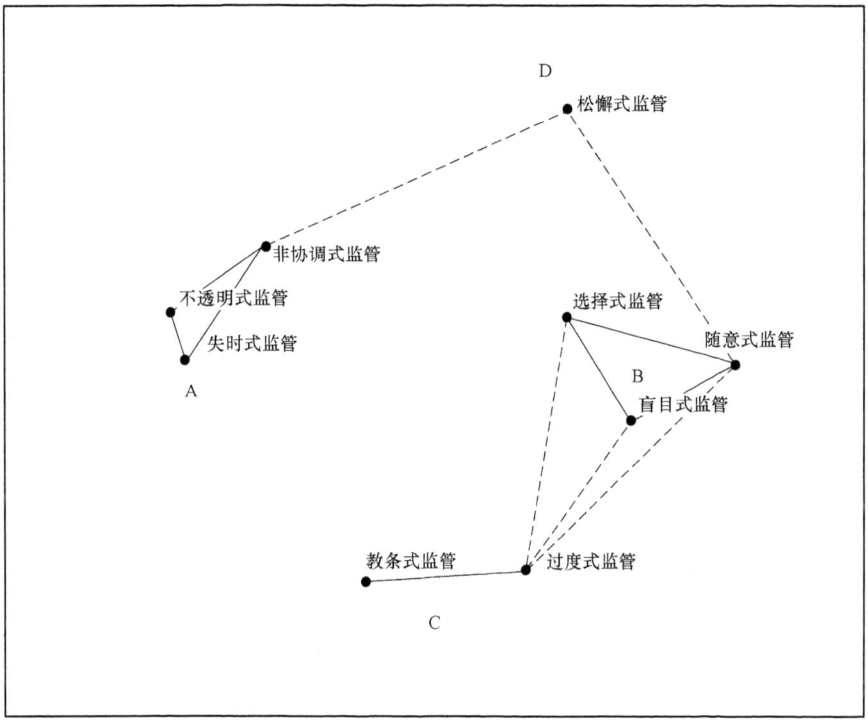

图 3-3　九种监管行为特征的二维空间关系图

3.3.3　四类监管行为的内在逻辑分析

根据 MDS 的数据分析结果，九种监管行为特征代表了四类互相区分和联系的监管行为，而进一步定性分析的重点就是解释这四类监管行为的内涵和特点。

A 类监管行为包括失时式监管、非协调式监管和不透明式监管。结合内容结构分析法（Content Configuration Analysis，CCA）的分析可以发现，无论是监管的时机不当，还是监管的考虑不周，抑或是监管的沟通不畅，其本质都是监管信息不对称所导致的缺位监管。事实上，监管过程本身就是监管部门与其他市场参与者相互博弈的过程，在这一过程中，被监管者为了自身利益存在从事违法违规活动的强烈动机，并且为了逃避监管惩罚而倾向利用和隐瞒所掌握的优势信息，因此导致监管部门难以准确、全面地了解和掌握真实市场信息，进而导致所制定的监管政策不仅滞后于市场问题，而且难以被有效执行。此外，在中国现行的行政体制下，监管部门虽具备较高的行政级别，但也受到上级主管部门的考核和监督，并且还面临着社会公众和舆论的巨大压力，因此为了自身利益，监管部门也存在利用和隐瞒监管信息以逃避外部压力的倾向，导致的结果就是监管的不透明。综上所述，A 类监管行为是由监管信息不对称所导致的一类监管工作方式，即缺位监管。针对缺位监管对监管有效性的影响，进一步参考郝旭光（2011）提出的有效监管的六个判别标准——综合性、针对性、严密性、前瞻性、权威性和及时性可以发现，缺位监管实质上降低了监管的综合性、及时性和权威性，进而导致了监管有效性的不足。

B 类监管行为包括选择式监管、盲目式监管和随意式监管。结合 CCA 的分析可以发现，这三种监管行为都违背了监管的公平原则，明显干扰了证券市场的正常运行，其本质都是监管目标不清所导致的错位监管。事实上，作为转轨经济中强制性制度变迁的产物，中国证券市场自成立以来一直具有非常明显的政府主导色彩，监管部门在制定监管政策和进行监管执法时时常需要考虑政府的宏观政策要求，例如在早期证券监管中，国有企业脱困和股份制改革就是监管所要遵循的目标之一。近些年，随着市场参与者多样化程度的不断增高，证券市场对社会的影响力日益重要，为此，监管部门也与时俱进地对监管目标进行了扩展和优化，重视维护市场“三公”、保护中小投资者利益、促进资本市场发展，并取得了不错的效果。但同时，不可否认的是“工具论”的思想还在持续地指导着监管部门的监管决策，尤其是当市场的运行违背政府的意愿时，监管部门常会依据行政手段对市场进行干预，即使这种干预是以违背监管目标和原则为代价的。显然，不同监管目标之间的冲突就会导致监管部门经常制定短视性的政策，在执行上也缺乏一致性和连贯性，进而出现这三种监管行为。综上所述，B 类监管行为是由监管目标不清所导致的一类监管工作方式，即错位监管。结合有效监管的六个判别标准，错位监管实质上降低了监管的严密性、前瞻性和针对性，进而导致了监管有效性的不足。

C 类监管行为包括过度式监管和教条式监管。结合 CCA 的分析，无论是频繁地干预市场还是僵化地对待市场，其本质都是监管理念偏差所导致的越位监管。在中国的监管实践中，集中型的监管模式赋予了监管部门很高的行政权力，然而，由于缺乏必要的权力监督和制约，证监会经常以主管部门而非监管部门的角色出现在市场中以树立自身的权威，这就导致监管的理念经常出现偏差，不相信证券市场只能监管不能调控，故而总是试图调控和指导市场，例如，当市场大幅下跌时，监管部门常以发社论、停融资等手段来提振市场，而当市场大幅上涨时则通过查违规、提速首次公开募股（IPO）等手段来为市场降温。事实上，市场的运行自有其内在规律，而监管也自有其明确的职责，越过监管职责范畴所进行的活动势必会破坏监管的公正原则，并且，越是事无巨细和墨守成规地干预和指导市场，监管部门就越难从中把握和抓住问题的核心，致使很多影响市场发展的突出问题也不会得到针对性地重视。总而言之，C 类监管行为是由监管理念偏差所导致的一类监管工作方式，即越位监管。结合有效监管的六个判别标准，越位监管实质上降低了监管的针对性，进而导致监管有效性的不足。

D 类监管行为主要包含松懈式监管。结合 CCA 的分析，松懈式监管意为对违法违规行为的查处不力和惩罚过轻，其本质是监管激励缺失所导致的失位监管。具体而言，监管部门的监管行为通常都是由监管者来具体实施的，如果监管者是理性的“经济人”，其在履行职责过程中就可能存在巨大的道德风险，只有建立激励相容的机制才能促使监管者在实现个人目标的同时，最大限度地查处违规上市公司，提高监管效率。然而，在中国的监管实际中，作为体制内的公务人员，监管者面临着烦琐的工作内容和巨大的工作压力，而收入却往往由其级别和职务来决定，并且相比于基金公司、证券公司等被监管部门的从业人员，其收入水平明显偏低。因此，权责的不对称以及收益和风险的不对称很大程度上增加了证券监管者的偷懒行为，导致监管者往往不愿主动执行监管政策，并且为了个人利益可能会利用监管权力进行“抽租”，从而使违法违规行为没有得到应有的惩罚。总而言之，D 类监管行为是监管激励缺失所导致的一类监管工作方式，即失位监管。结合有效监管的六个判别标准，失位监管实质上降低了监管的权威性，进而降低了监管的有效性。

基于上述定性分析，与监管失灵相关的九种监管行为特征实际上体现出缺位、错位、越位和失位四类监管工作方式，并且都是监管部门没能正确履行其监管职责的具体体现。具体而言，缺位监管意味着监管部门没能落实其本职工作，即该干的监管工作没有去干；错位监管意味着监管部门错误的落实了本职工作，即该干的监管工作干错了；越位监管意味着监管部门超越本职工作权限去干工作，即干了不该干的工作；失位监管意味着监管部门没能履行好本职工作，即该干的监管工作没干好。进一步而言，通过考察这四类监管行为的内涵可以发现，它们之间的内在逻辑联系也都符合 MDS 分析的结果。其中，越位监管和错位监管都代表了监管部门为改善证券市场环境所做出的主观努力，但努力的方式却存在问题，因为无论是超越职权还是错误指导，监管部门都是在将主观的期望施加于客观的市场，这就导致监管部门做了很多工作，但收效甚微。相比之下，缺位监管和失位监管都反映了监管部门在履行监管职责过程中所受到的客观限制，这既包括监管信息不对称的问题，也包括监管激励不足的问题，所导致的结果就是监管部门缺乏处理和应对实际市场问题的能力。

3.4 本章小结

本章通过半结构化访谈收集了足够数量的一手访谈数据，通过综合运用文本分析以及多维尺度分析的方法对与中国证券监管失灵相关的监管行为及内在原因进行了一定的归纳和分析。研究发现，对于中国证券监管者而言，存在过度式监管、松懈式监管、选择式监管、失时式监管、盲目式监管、非协调式监管、不透明式监管、教条式监管和随意式监管九种典型的监管行为特征，而这九种监管行为特征又表征了四类监管行为，即缺位监管、错位监管、越位监管和失位监管。进一步考察四类监管行为的内在逻辑发现：缺位监管实质上是监管信息不对称导致的一类监管工作方式，通过降低监管的综合性、及时性和权威性而导致监管有效性的不足；错位监管实质上是监管目标不清导致的一类监管工作方式，通过降低监管的严密性、前瞻性和针对性导致了监管有效性的不足；越位监管实质上是监管理念偏差导致的一类监管工作方式，通过降低监管的针对性导致了监管有效性的不足；失位监管实质上是监管激励缺失导致的一类监管工作方式，通过降低监管的权威性导致了监管有效性的不足。

针对上述研究发现，需要进一步探究的问题是，导致监管有效性不足的四类监管行为是否意味着监管者符合“理性”或“有限理性”假设。事实上，如果监管者符合“理性”或“有限理性”假设，就应通过更正不当的监管行为以最大化自身的利益。例如，越位监管意味着证券监管者付出了更多的时间和精力成本，而从监管效果和市场反馈来看，所获得的收益显然与付出的成本是不匹配的，理性的监管者应该通过减少不必要的监管来增加自己的收益。但从实际来看，越位监管长期存在，说明存在理性以外的因素引导着监管者不断做出这一行为，且已有学者的研究证实该行为是损失厌恶、过度自信的结果，相同的情况也同样存在于其他三类监管行为中。因此，中国证券监管者很可能与证券市场投资者一样，在决策判断中难以避免非理性的影响，而关于中国证券监管者是否会在决策中受到非理性的影响，以及非理性程度处于什么样水平等问题将是第 4 章的研究重点。

第 4 章

中国证券监管者决策理性水平的实证检验

行为金融的研究已经表明，证券市场上的投资者并不像传统金融理论所期望的那样具有足够的理性去做出决策，即便是有着丰富经验的投资者在面临决策时也会受到直觉、情感、情绪等心理因素的支配，正如巴菲特（Warren Buffett）所说："别人恐惧时我贪婪，别人贪婪时我恐惧。"如果证券投资者都是理性的，贪婪和恐惧显然没有生存的土壤。因此，证券监管者要正确认识投资者的理性水平，并且在一些情况下，证券监管者有必要帮助投资者正确认识和纠正非理性错误，这也对证券监管者的理性水平提出了更高的要求。然而，关于证券监管者在监管中是不是理性这一问题，目前并没有形成一致的看法，部分研究金融监管的行为金融学家认为"监管者并不比市场更聪明和冷静"（Jolls，2006），"不能先入为主地认为可以通过监管者的理性矫正市场，因为监管者本身也可能是非理性的"（赵静梅和吴风云，2008）。为此，本章将引入行为金融学的研究理论和研究方法来重点探讨中国证券监管者在决策判断中是否会受到非理性因素的影响，如果受影响，其非理性程度处于什么样的水平，是比市场投资者更高，还是更低。

通过第 1 章的文献回顾可以知道，目前行为金融学的研究提出并发展的前景理论、后悔理论、过度自信理论和启发式思考理论四个重要理论，为理解个体的不同非理性行为打下了坚实的理论基础。因此，本章的研究也将以这四个理论的核心假设作为基点，目的在于解决以下两个问题：中国证券监管者在决策判断中是否会受到非理性因素的影响？如果受影响，其非理性程度处于什么样的水平？

为了解决上述问题，本章采取行为金融研究所惯用的描述性研究范式，观察中国证券监管者在不同决策情境上的表现，通过与其他不同市场投资者表现的比较以描述证券监管者的决策理性水平，因此情境实验法将是本章以及后续章节研究中使用的主要数据获取方法。在问卷设计中，对于不同非理性行为的测量全部来源于已有文献的经典实验情境，为了检验由实验情境所形成量表的信度，我们对其中一些非理性行为变量选取多个情境题目以测验同质性信度。例如，针对确定性效应的测量，问卷就包含三个不同的题目：如果你面临以下选择，你会选择哪一个：（1）肯定会获得 240 元，（2）25%的概率获得 1 000 元，75%的概率一无所得；如果你面临以下选择，你会选择哪一个：（1）有 33%的概率得到 2 500 元，有 66%的概率得到 2 400 元，有 1%的概率一无所得，（2）确定能得到 2 400 元。如果你面临以下选择，你会选择哪一个：（1）有 80%的概率得到 4 000 元，（2）100%的概率能得到 3 000 元”。而测量结果显示克伦巴赫 alpha 系数为 0.653，说明上述题目对于确定性效应的测量具有较高的信度。同样，针对反射效应、后悔厌恶和过度自信等变量的克伦巴赫 alpha 系数均大于 0.6，说明此次研究所设计的问卷量表具备较高的信度。

4.1 中国证券监管者在启发式思考影响下的决策理性水平研究

4.1.1 启发式思考的心理基础及非理性行为表现

启发式思考理论是由 Tversky 和 Kahneman（1974）提出的，用于描述个体在不确定性情况下的决策特征。他们的研究认为，当个体对不确定事件进行判断时，经常会根据习惯或以往经验的启发走一些思维的捷径以规避事物的复杂状态。因此，根据 Tversky 和 Kahneman（1974）的研究和定义可以发现，启发式思考与人们在社会生活中所形成的一系列“经验法则”有着直接的关系。这些“经验法则”在形成之初或许与人们的意识化思考相关，但在长期的生活实践中，这些“经验法则”会逐步与人们的潜意识认知相融合，在启发式思考的帮助下对类似的问题做出快速的反应而无须经历复杂的推理和分析。显然，启发式思考对于行为主体的影响具有两面性：一方面，启发式思考确实可以帮助人们对问题进行快速、及时的判断，并且在一些时候很可能达到与理性决策相同的效果；但另一方面，所启发的“经验法则”的正确性经常取决于所面临问题的实际特征，由于缺少理性的推理和分析，“经验法则”极可能导致以偏概全、断章取义等情况的出现。举例来说，中国有句谚语，“一朝被蛇咬，十年怕井绳”，比喻的是当经历一次挫折以后就变得胆小怕事，从中就可以看出启发式思考对于个体行为影响的重要性。在股票市场投资中，启发式思考对于投资者投资行为的影响更为普遍，当股票的走势状况启发了投资者的“经验法则”时，投资者通常就会做出快速的反应和行为。所以，有理由相信对于中国证券监管者而言也存在一系列与监管相关的“经验法则”，而这些被启发的“经验法则”是否也会对中国证券监管者的行为造成影响就是一个很有意思的话题。

针对启发式思考的分类，Tversky 和 Kahneman（1974）的研究提出了代表启发式、易得启发式和锚定启发式三类不同的启发式思考，并以代表启发式偏差、易得启发式偏差和锚定启发式偏差表述了由这三类启发式思考所导致的非理性行为。

1. 代表启发式偏差

根据 Tversky 和 Kahneman（1974）的研究，人们在不确定决策中通常会根据一个事件代表或相似于另一个事件的程度来判断事件发生的可能性，并将这一原则称为“代表启发式”。简单来说，这就像在证券市场投资中，投资者经常会根据股票以前的走势与技术图形相吻合的程度来判断其未来走势，其合理性和正确性也是研究者长期关注的话题。事实上，代表启发式确实会带来一些明显违背理性的行为偏差，其中就包括合取谬误、赌徒谬论和样本规模忽视。

合取谬误源于 Tversky 和 Kahneman（1983）的研究，最初是以“Linda 问题”而被学界所熟知并成为日后许多相关和延伸研究中使用的标准合取问题，“Linda 问题”的最初表述如下：

Linda 是一个 31 岁的单身女性，坦率直言，而且非常聪明。她主修哲学，在念大学时对歧视、社会公平等问题非常感兴趣，而且积极参加了反核示威游行。

当被试者读完这段背景材料后需要对描述 Linda 的不同陈述进行概率比较，具体陈述包括 A：“Linda 是一个银行出纳员”；B：“Linda 是一个女权主义者”；C：“Linda 是一个银行出纳员，而且是一个积极的女权运动参与者”。在 Tversky 和 Kahneman 的研究中，被调查者主要为在校大学生，结果显示面对“Linda 问题”，超过 85%的被试者相信合取事件 C（A&B）要比单独事件 A、B 更可能发生。而根据概率学的基础知识，合取事件发生的概率永远不能超过所包含单独事件发生的概率，因此，Linda 问题实际上违背了概率理论的基本原则。Tversky 和 Kahneman 所得出的研究结论不断被重复和证实，无论是用清晰地指示语替代原本模糊的指示语（Tentori、Bonini 和 Osherson，2004），还是让被试者接受专门的统计知识培训（Agnoli 和 Krantz，1989），抑或用实际的情境替代实验的情境（Jarvstad 和 Hahn，2011），合取谬误现象均稳定的存在，这表明合取谬误现象的发生具有一定的必然性。赌徒谬论源于 Tversky 和 Kahneman（1971）对于“小数法则”的阐述。众所周知，在“大数法则”中，从总体抽取的样本容量越大，该样本的平均数就与总体平均数越接近，然而，在“小数法则”中，人们从总体中抽取的样本总是具备相互的联系，其实际值背离总体值。具体到赌徒谬论，人们通常认为在一系列的坏结果之后必然会有好的结果出现，却忽视了事件发生的独立性。

样本规模忽视源于 Tversky 和 Kahneman（1974）的研究，这一研究认为人们在决策判断时由于代表启发式而忽略样本的规模，其列举的例子如下：

某个城市有两家医院，大医院每天大约有 45 个婴儿出生，小医院每天大约有 15 个婴儿出生。男孩的出生率都是大约 50%。但是，每天男孩的具体出生比例有所不同，有时高于 50%，有时低于 50%。每年，两家医院统计一天内男孩出生率高于 60%的天数，您认为哪家医院的天数多一些？A. 大医院　B. 小医院　C. 一样多

在这题中，大部分的被试者都会认为天数是一样的，然而，由于小医院的样本量更小，其结果出现偏差的可能性更高，相比之下，大医院的男孩出生率更可能接近总体平均概率。因此，人们的判断实际受到代表启发式的影响，从而认为大医院和小医院的天数是一样的。

2. 易得启发式偏差

Tversky 和 Kahneman（1974）的研究指出，决策者经常对那些较为生动的、易于想象的、富有各种细节的事情给予更高发生概率的估计，因为关于这些事情的信息更容易从记忆中提取。通常情况下，易得启发式可以帮助决策者简化决策的程序和内容，但在某些情境下，一些事情之所以容易被想到，可能并不是由于其经常出现，而是因为它更符合认知的适应性而容易被提取，这就可能导致明显的偏差的产生。例如，Tversky 和 Kanheman（1979）的研究让被试者判断每对词组中哪个词更可能是美国常见的死亡原因，其中大部分被试者认为每年死于凶杀案或交通事故的人数要高于糖尿病或胃癌死亡人数，然而事实是后者每年致死的人数比凶杀或交通事故致死的人数高两倍，这一明显违背统计现实的判断有力地证明了人们常根据事件的易提取程度来判断发生的概率。Sherman 等（1985）的研究也证明，对事件结果的想象并不能让人们认为其出

现的概率更高，如果事件难以想象，人们对其发生概率的估计就会降低。

3. 锚定启发式偏差

Tversky 和 Kahneman（1974）的研究发现，个体的判断常受到初始值的影响，这个初始值就像“锚”一样将个体的思考局限在某一个范围之内。在他们设计的轮盘实验中，被随机分到初始数字 65 的被试者认为联合国中 45%的国家为非洲国家，而被随机分到初始数字 10 的被试者则认为联合国中 25%的国家是非洲国家。在这个例子中，无论轮盘所提供的初始值是 65 还是 10，它与接下来的决策判断并没有直接关系，但人们在判断中还是下意识地受到了这一初始值的干扰，而这也显然是有违理性的。在进一步的研究中，Tversky 和 Kahneman（1974）还进行了一个实验，让一组学生估计 $1\times2\times3\times4\times5\times6\times7\times8$ 的值，而让另一组学生估计 $8\times7\times6\times5\times4\times3\times2\times1$ 的值，结果发现这两组学生所估的答案都远低于正确答案，但后者估值（2250）要远大于前者的估值（520），这进一步证实了锚定启发式偏差的存在。

4.1.2　研究设计与实证结果

1. 研究设计

本节的研究目的在于探讨中国证券监管者在决策判断中是否会受到启发式思考的影响而出现行为偏差，而这方面的理性水平又是否显著区别于证券市场投资者。在行为金融研究中，研究者多用描述性研究范式对研究对象的行为及心理动因进行分析。因此，本节的研究设计将参考 Tversky 和 Kahneman（1971，1974，1983）研究启发式行为偏差时用到的经典实验情境，采用心理问卷调查的方式来观察中国证券监管者和证券市场投资者在不同启发式行为偏差上的表现，通过量化的计算方法对研究对象的决策理性水平进行评分，再通过不同人群之间评分结果的比较来得出研究结论。

根据上述研究思路，本节的研究在问卷设计中共包含五道与启发式偏差相关的情境题目，其中与代表启发式相关的行为偏差题目共三道，分别考察研究对象在合取谬误、赌徒谬论和样本规模忽视上的表现。相比之下，由于以往研究较少对易得启发式和锚定启发式下的行为偏差表现进行类别上的区分，因而只各选择一道经典的行为偏差题目。为减少被调查者的歧义，在问卷设计中尽量包含少的选项供被调查者选择，最终测量结果以 0－1 二项分布呈现。由于在 Tversky 和 Kahneman（1984）的研究分类中，并未强调代表启发式、易得启发式和锚定启发式对于行为主体的影响孰轻孰重，因此，本节的研究假设这三类启发式思考对于行为主体的影响同等重要。具体的问卷测量内容如表 4－1 所示。

表 4－1　　　　测量启发式思考偏差的情景问题

偏差类型	问题序号	主要内容	选项分析
代表启发式偏差	1	李丹是一位 31 岁的单身女性，坦率直言，而且非常聪明。她主修哲学，在念大学时对社会公平等问题非常感兴趣	李丹是 1. 银行职员；2. 银行职员且还是一个积极的女权运动参与者。概率上讲，选项 2 出现的概率要低于选项 1，如果选择选项 2 则说明存在偏差
	8	一个公平的掷硬币游戏。一共掷了三次，每次硬币都是正面朝上。若你在下一次掷硬币时下注 100 元，您会赌哪一面朝上	1. 正面；2. 背面。在赌徒谬论的影响下，被试者会由于连续出现 3 次正面朝上而认为该次应是背面朝上，可每次正面朝上朝下的概率一样
	18	某个城市有两家医院，一天内男孩出生率高于 60%的天数，您认为哪家医院的天数多	1. 大医院；2. 小医院；3. 一样多。选 1 和 3 则说明被试者对于样本规模不敏感，因为对于小医院来说，极端值出现的可能性越大
易得启发式偏差	35	你认为在中国，车祸与中风哪个造成的死亡人数更多	1. 车祸；2. 中风。由于车祸的消息经常出现在媒体报道中，被试者由于易得启发式偏差的影响更容易选择选项 1
锚定启发式偏差	16	5 秒考虑时间，您认为 1×2×3×4×5×6×7×8 的结果更接近哪个数	1. 400 0；2. 400 00。由于锚定启发式偏差的存在，被试者会倾向于选择选项 1，但事实上，题干的结果为 40 320

在数据的处理和分析方面，本节的研究中将首先测量监管者人群和投资者人群在代表启发式偏差、易得启发式偏差和锚定启发式偏差中的表现，然后对不同行为偏差题目上的得分进行加总并取平均值，乘以 100，转化成百分制，进而得出不同人群在启发式思考影响下的理性水平。得分越高则表明启发式思考的影响越大，理性水平也越低。具体的测量过程如下。

根据中心极限定理：设随机变量序列 $X_1, \cdots, X_n$ 相互独立，均具有相同的数学期望与方差，即 $EX_i=\mu$，$DX_i=\sigma^2$，令：

$$Y_n = X_1 + \cdots + X_n$$

$$Z_n = \frac{Y_n - EY_n}{\sqrt{D(Y_n)}} = \frac{Y_n - n\mu}{\sqrt{n}\sigma} \sim N(0,1)$$

但由于无法得知总体的 μ 和 σ^2，需要用样本均值和样本方差来代替，故变为：

$$T=\frac{Y_n-EY_n}{\sqrt{D(Y_n)}}=\frac{Y_n/n-EX}{s^2/\sqrt{n}}\sim T(n-1)$$

其中 s^2 是随机变量 X 的样本方差。当 T 分布的自由度大于 100 时，可以用正态分布来代替 T 分布。为了检验各群体的认知保守性水平，本章设计了以下检验，其中 D_{11}、D_{12}、D_{13}、D_1、D_2、D_3、D_{sum} 分别代表不同子样本的合取谬误、赌徒谬论、样本规模忽视、代表启发式偏差、易得启发式偏差、锚定启发式偏差和整体启发式偏差之差，P 代表各偏差出现的概率，*subsample1* 为中国证券监管者的样本，*subsample2* 和 *subsample3* 分别为散户投资者和机构投资者的样本，具体公式表示为：

$$D_{\text{合取谬误}}=P_{\text{合取谬误}}(subsample1)-P_{\text{合取谬误}}(subsample2/subsample3)$$

$$D_{\text{赌徒谬论}}=P_{\text{赌徒谬论}}(subsample1)-P_{\text{赌徒谬论}}(subsample2/subsample3)$$

$$D_{\text{样本规模不敏感}}=P_{\text{样本规模不敏感}}(subsample1)-P_{\text{样本规模不敏感}}(subsample2/subsample3)$$

$$D_{\text{代表启发式偏差}}=P_{\text{代表启发式偏差}}(subsample1)-P_{\text{代表启发式偏差}}(subsample2/subsample3)$$

$$D_{\text{锚定启发式偏差}}=P_{\text{锚定启发式偏差}}(subsample1)-P_{\text{锚定启发式偏差}}(subsample2/subsample3)$$

$$D_{\text{易得启发式偏差}}=P_{\text{易得启发式偏差}}(subsample1)-P_{\text{易得启发式偏差}}(subsample2/subsample3)$$

$$P_{\text{sum}}=\frac{(P_1+P_2+P_3)}{3}\times 100$$

$$D_{\text{sum}}=P_{\text{sum}}(subsample1)-P_{\text{sum}}(subsample2/subsample3)$$

在问卷的发放和回收方面，由于研究对象以中国证券监管者和中国证券市场投资者为主，所以向中国证券监督管理委员会及其位于北京的派出机构中的工作人员发放了问卷，回收问卷中有 118 份有效问卷，向证券市场投资者发放并回收的问卷中，有效问卷为 600 余份。其中，中国证券市场投资者分为两类，即散户投资者和机构投资者，前者以从事股票投资时间超过 2 年的自然人为主，后者以基金公司和券商从业人员为主。为了进行配对的差异计算和检验，在剔除了无效样本后，从散户投资者和机构投资者中各随机抽取 118 个样本与中国证券监管者进行配对分析，调查样本的群体组成情况如表 4－2 所示。对于样本中数据缺失的处理，假定年龄、学历的缺失值都是均匀分布在各类人群中的，所以用存在回答的子样本的各类特征来代替总样本的特征可以被认为是无偏的。由表 4－2 可以看出，调查样本覆盖范围较广，包含各个年龄段、各个学历层次和性别的人群。因此采用此数据进行研究，符合研究要求，可以得到准确的研究结果，具有代表意义。

表 4-2　　受测群体组成情况

		整体	散户投资者	机构投资者	证券监管者
性别	男	56.62%	54.23%	61.29%	57.58%
	女	43.38%	45.76%	38.71%	42.42%
学历	本科以下	10.64%	12.95%	6.77%	5.56%
	本科	50.73%	51.78%	50.84%	37.78%
	硕士	36.77%	34.32%	42.39%	52.22%
	博士	2.59%	0.95%	0.00%	4.44%
年龄	30 岁以下	30.50%	37.28%	27.88%	35.71%
	30～40 岁	48.73%	38.98%	42.28%	60.20%
	40～50 岁	17.37%	19.49%	22.24%	4.09%
	50～60 岁	3.34%	4.24%	7.60%	0.00%

2. 实证结果

依据研究设计中的数据处理思路，首先通过描述性统计的方式观察中国证券监管者和投资者由启发式思考所导致的各行为偏差上的表现，结果如表 4-3 所示。

表 4-3　　三类被调查人群在不同启发式偏差上的表现

	证券监管者	散户投资者	机构投资者
合取谬误	0.694 9 （0.462 4）	0.754 2 （0.432 4）	0.855 9 （0.352 7）
赌徒谬论	0.389 8 （0.489 8）	0.372 9 （0.485 6）	0.364 4 （0.483 3）
样本规模忽视	0.661 0 （0.475 4）	0.694 9 （0.462 4）	0.779 7 （0.416 2）
代表启发式偏差	0.581 9 （0.254 8）	0.607 3 （0.270 9）	0.666 7 （0.238 7）
锚定启发式偏差	0.788 1 （0.410 4）	0.772 1 （0.421 9）	0.754 2 （0.432 4）
易得启发式偏差	0.771 2 （0.421 9）	0.923 7 （0.266 7）	0.788 1 （0.410 4）
决策理性水平	71.374 8 （22.754 1）	76.742 0 （19.161 89）	73.634 7 （20.585 3）

注：括号中为标准差，表示各指标的离散程度，下同。

表 4-3 的描述性统计结果表明，无论是中国证券监管者还是投资者，大部

分的人群容易受到启发式思考的影响而做出非理性判断和行为，但也可以发现这三类人群在不同的启发式偏差中的表现也是有所不同的。其中，和散户投资者、机构投资者相比，中国证券监管者人群中出现代表启发式偏差和易得启发式偏差的比例更低，但出现锚定启发式偏差的人群比例则略高，这表明中国证券监管者在决策中可能要比证券市场投资者更容易受锚定启发式偏差的影响。将这三类启发式偏差进行量化合并后发现，中国证券监管者在启发式思考影响下的决策理性水平（$M_{SR}=71.37$，$SD_{SR}=22.75$）要低于散户投资者（$M_{RI}=76.74$，$SD_{RI}=19.16$）和机构投资者（$M_{II}=73.63$，$SD_{II}=20.59$），为了进一步检验这一差异结果的显著性，接下来将采用差异检验的方法予以检验，结果如表 4－4 和表 4－5 所示。

表 4－4　中国证券监管者和散户投资者在各项启发式偏差上的差异检验

偏差类型	均值之差μ	样本标准差 s	T 值	自由度 DF	显著性 P
$D_{合取谬误}$	－0.059 3	0.644 40	－1.000	117	0.319
$D_{赌徒谬论}$	0.016 9	0.653 50	0.282	117	0.779
$D_{样本规模不敏感}$	－0.033 9	0.665 80	－0.553	117	0.581
$D_{代表启发式偏差}$	－0.025 4	0.385 29	－0.717	117	0.475
$D_{锚定启发式偏差}$	0.016 9	0.598 90	0.307	117	0.759
$D_{易得启发式偏差}$	－0.152 5	0.533 13	－3.108	117	0.002**
$D_{决策理性水平}$	－5.367 2	31.080 3	－1.876	117	0.063 +

注：***代表 $P<0.001$，**代表 $0.001<P<0.01$，*代表 $0.01<P<0.05$，＋代表边缘显著，下同。

从表 4－4 中可以看出，除了易得启发式偏差，中国证券监管者与散户投资者在其他启发式偏差上表现的差异显著性 P 都远大于 0.1，说明这两类人群在代表启发式偏差和锚定启发式偏差上的表现并不存在显著差异，但在易得启发式偏差上却存在非常显著的差异（$P=0.002<0.01$）。综合来看，中国证券监管者在启发式思考影响下的决策理性水平显著高于散户投资者（$P=0.063<0.1$），这说明中国证券监管者和散户投资者虽然都会受到启发式思考的影响而产生非理性行为，但中国证券监管者受影响的程度显著更低。

表 4－5　中国证券监管者和机构投资者在各项启发式偏差上的差异检验

偏差类型	均值之差μ	样本标准差 s	T 值	自由度 DF	显著性 P
$D_{合取谬误}$	－0.161 02	0.584 27	－2.994	117	0.003**
$D_{赌徒谬论}$	0.025 4	0.659 73	0.419	117	0.676

续表

偏差类型	均值之差μ	样本标准差 s	T 值	自由度 DF	显著性 P
$D_{样本规模不敏感}$	−0.118 6	0.655 93	−1.965	117	0.052^{+}
$D_{代表启发式偏差}$	−0.084 7	0.340 90	−2.700	117	0.008**
$D_{锚定启发式偏差}$	0.033 9	0.639 61	0.576	117	0.566
$D_{易得启发式偏差}$	−0.016 9	0.584 46	−0.315	117	0.753
$D_{决策理性水平}$	−2.259 9	33.176 5	−0.740	117	0.461

从表 4－5 中可以看出，中国证券监管者除了在代表启发式偏差上的表现与机构投资者存在非常显著的差异之外（$P=0.008<0.01$），在锚定启发式偏差和易得启发式偏差上的表现与机构投资者并无显著的差异（$P>0.1$）。综合来看，中国证券监管者在启发式思考影响下的决策理性水平与机构投资者并无显著的差异（$P=0.461>0.1$），这说明中国证券监管者和机构投资者都会受到启发式思考的影响而产生非理性行为，并且证券监管者的决策理性水平并不显著高于机构投资者。

4.1.3 研究讨论

启发式思考是人们在日常生活中面临复杂和不确定问题时常用的判断方式，通过唤起潜意识中的“经验法则”来帮助行为主体对问题进行快速的反应，但同时，其正确性也受到实际决策问题特征的限制，因而会导致一系列非理性行为的产生。本节在研究启发式思考对于中国证券监管者的决策行为影响时，选择了代表启发式偏差、易得启发式偏差和锚定启发式偏差作为主要考察对象，发现在启发式思考的影响下，中国证券监管者确实难以避免代表启发式偏差、易得启发式偏差和锚定启发式偏差的影响。其中，中国证券监管者在启发式思考影响下的决策理性水平要比散户投资者显著更高，但与机构投资者并无显著差别。

上述研究发现具有一定的现实合理性。长期以来，散户投资者一直是中国证券市场的主要参与者，但在投资规模、平均专业知识以及信息获取和分析方面与机构投资者存在着明显的差距。因此，散户投资者更可能会在“经验法则”的启发下对问题进行反应和判断，进而表现出非理性行为。研究结果还发现，散户投资者更容易受到易得启发式思考的影响而产生行为偏差，说明散户投资者在决策时不愿深入思考，更愿意基于易获得的信息来做出判断，这也是为什么散户投资者对小道消息和股评推荐如此感兴趣。相比之下，机构投资者和中国证券监管者在决策中通常以一定的标准和原则作为参考，并且在信息收集和分析上有着天然的优势，这也就间接降低了“经验法则”的重要性，但从结果来看，启发式思考的影响还是难以完全避免。

上述分析表明，由启发式思考引起的非理性偏差对于行为主体来说确实难以避免，即使是中国证券监管者也不例外。所以，需要进一步思考的问题是，启发式思考与中国证券监管者的监管行为之间存在什么样的联系。结合第 3 章的研究发现，启发式思考对中国证券监管者的影响主要表现在过度式监管和选择式性监管中。具体而言，在证券市场的发展中，市场规律是其正常运行所遵循的核心，虽然扰乱市场秩序、影响市场稳定的因素长期存在，但和市场运行的常态相比，其出现的频率是有限的。然而，由于启发式思考的影响，证券监管者会存在无意识夸大小样本事件发生概率的倾向，依据经验的启发对可能影响市场稳定的问题给予过度的关注和反应。同时，证券监管者长期监管所形成的经验也会将其束缚于过去的监管模式而导致监管中的以偏概全，仅通过问题是否具备代表性特征来判断其是否重要，而这很容易忽视和遗漏问题的本质特殊性，导致对市场管得过多、管得太严、管得太频繁但又管得不好。此外，证券市场从本质上来说是一个各方参与交易的公共平台，各参与方在法律和规则上是平等的，但证券监管者可能会由于启发式思考的影响而进行选择性监管。例如，监管者经常会以过去的思想和经验来认识市场，虽然监管目标在不断革新以适应市场，但“经验法则”常会潜意识地影响监管的决策行为，使监管者在面临类似问题时总是潜意识地存在某种倾向，导致“对问题认识不清”而选择性地进行监管。

4.2　中国证券监管者在信念依赖影响下的决策理性水平

4.2.1　信念依赖的心理基础及非理性行为表现

信念就是“以目的、动机的形式贯穿于人类活动中，并与情感、意志相结合，形成一种稳固的支配人类行动的心理倾向”（姜树广和韦倩，2013）。在认知的研究中，个体认知被认为是自我意识的形成和发展的重要组成部分，它帮助个体将自己从客观世界中区分出来，对周围事物及各种关系产生意识，并进而对个体的活动和行为产生影响。现实中，个体所处的环境总是在不断地变化，这种变化给个体带来了极大的不安、不适感。因此，个体会以认知的方式将其进行总结并形成自我意识。一旦自我意识形成后，个体便不会轻易地放弃和破坏已形成的意识以将自己重新置于不安和不适中，而这种维护自我意识一致性和连贯性的强烈愿望就是信念的心理基础。在经济决策中，信念对于行为主体的决策有着重要的影响，例如，Akerlof 和 Dickens（1982）认为个体通常会在决策中选择信念化选项以最小化坏结果所带来的恐惧；Brunnermeier 和 Parker（2005）也指出投资者会在信念的支持下过高估计投资的回报而做出非理性的决策；Graham 等（2005）的研究指出过度交易与自我能力评估高度相关，投资者对自我能力的评估值越高，交易频率也就越高。在证券监管研究中，信念的影响主要体现为证券监管者对于证券市场的过度监管（Plous，2004），也体现在对新问题、新信息的监管反应不足（郝旭光，2013）。简言之，信念在帮助个体提高了应对复杂和不确定性问题的能力的同时，也可能导致一系列非理性行为的产生，其中就包括过度自信、证实性偏差和后见之明偏差。

1. 过度自信

过度自信是个体倾向于低估自身知识的缺乏并且认为自己所知道的要远高于实际情况的特征，所带来的结果就是无意中为自己所拥有的知识和信息的准确性赋予过高的权重，并且进而了导致较低的决策质量（Baron 和 Markman，2000）。过度自信广泛存在于个体的日常决策中，Svenson（1981）的研究发现，当让个体评估自己的开车水平时，绝大多数被试都认为自己的开车水平要高于平均水平，而这显然是过度自信的结果。Alpert 和 Raiffa（1982）就直接指出人们所认为一定会发生的事情实际上只有 80%的发生概率，而认为一定不会发生的事情则有约 20%的发生概率。在进一步的研究中，Moore 和 Healy（2008）区分了三种不同类型的过度自信，即过高评估、过高定位和过度精准，认为过度自信并不能带来决策质量的明显改进。Klayman（1995）的研究认为过度自信的产生是由于行为主体在决策时经常先主观地决定一个估计点，然后依照这个估计点来寻求支持结果的证据，并且总是以所谓的“事实”来说明当初的点估计是一个很好的猜测，而最初的回答所获得的支持就往往高于客观上应该获得的支持。因此，过度自信实际上源于行为主体对于事物的信念判断，通过信念强调了对自己所持有观点和意见的保护，这也是为什么有着更丰富经验、专业知识的人在面对相同决策问题时比缺乏经验、知识的人表现出更显著的过度自信倾向（Heath 和 Tversky，1991；Ben-David 等，2007）。

2. 证实性偏差

Wason（1972）在选择任务实验中第一次发现个体在决策中存在证实性偏差（Confirmation Bias）这一倾向。证实性偏差即人们有意或无意地寻找支持自己看法的信息和解释，忽略不支持自己观点的信息和解释，甚至不惜花费更多的时间和资源贬低与他们自我信念不一致的观点。证实性偏差也源于行为主体的信念。一方面，行为主体在对事物进行判断时倾向从主观出发，表现为较强的信念坚持，因为和其他观点相比，由自我信念所支撑的观点更容易被个体察觉和发现（Matlin 和 Stang，1978；Jeremyko 和 Hansch，2008）；另一方面，处理反面证据要比处理正面证据花费个体更多的时间和精力，并且这一过程会为个体带来较强的负面感受（Nickerson，1998）。

3. 后见之明偏差

后见之明偏差（Hindsight Bias）首先由 Fischhoff（1975）提出，即每当一个事情发生后，人们总能找到若干理由以证明事件结果发生的必然性，即使这些理由与事前的判断不一致。为证明这一非理性行为的存在，Fischhoff（1975）让被试者对时任美国总统尼克松出访北京和莫斯科前和出访后两个情境下可能的结果进行判断，发现后见条件下的被试者较先见条件下的被试者对实际出现结果的评定更有把握。后见之明与行为主体的信念有着明显的联系。一方面，个体在结果出现前，很大程度上对问题的答案是不确定的，通常是一种基于信念的猜测或者推测，与他人观点不同，这些猜测或推测的信息更容易在结果出现后被再次唤起和获得。另一方面，结果出现后，既成事实便具有更高的合理性，因此个体在对之前判断进行回忆时不能很好地推理与回忆和当前结果事实不同的观点，加之自我意识的加工，促使个体更加相信过去判断的正确性。

4.2.2 研究设计与实证结果

1. 研究设计

本节的研究目的在于探讨中国证券监管者在决策判断中是否会受到信念的影响而出现行为偏差，而这方面的理性水平又是否显著有别于证券市场投资者。在实际研究中，由于信念是一种深层次心理特征，较难得到直接和准确的测量，因此，本节的研究将延续 4.1 的研究设计，参考 Svenson（1981）、Wason（1972）、Fischhoff（1975）在研究过度自信、证实性偏差和后见之明时所用到的经典实验情境，采用心理问卷调查的方式来观察中国证券监管者和证券市场投资者在不同行为偏差上的表现，通过量化的计算方法对研究对象在信念影响下的决策理性水平进行评分，再通过不同人群之间评分结果的比较来得出研究结论。在具体研究测量中，使用量表对后见之明偏差进行测量，量表共包含 7 个等级（1～7），其中 1 代表后见之明的程度很低，7 代表后见之明的程度很高，而“证实性偏差”和“过度自信”的测量结果则分别符合 0－1 二项分布和 0－0.5－1 三点分布。

本节的研究对象依旧以中国证券监管者和中国证券市场投资者为主，所选取样本为 4.1 的研究样本，问卷的测量内容如表 4－6 所示。

表 4-6　　测量信念依赖偏差的情景问题

偏差类型	问题序号	主要内容	选项分析
过度自信	6	假设你在参加过的各种考试中都取得了很好的成绩，而别人参加了类似考试却并未获得好成绩。你对此会得出什么结论	1. 这些考试可能比较简单； 2. 其他人的能力可能较弱； 3. 我要么善于考试，要么对考试材料掌握得非常好。 在过度自信的影响下，被试者会选择选项 3
证实性偏差	9	假如您为某个候选人投了一票，这是否会改变您对他胜出本次竞选的概率的判断	1. 会；2. 不会。在证实性偏差的影响下，被试者会寻求证实性证据以支撑已做出的判断，进而选择选项 1
后见之明偏差	3	距超级大国甲不远的某国丙在经历了制度变革后，其政府选择与超级大国乙扩大贸易。为阻止此情况，甲国向丙国实施干预，帮助原政府复辟。该超级大国是美国还是苏联呢？你多大程度相信你的选择呢？1 为一点也不确定，7 为非常确定	因无明确时间界限，题干的描述并无标准答案，但会使被试者更为相信所描述国家为美国。在后见之明的影响下，被试者会更加相信自己的判断，并给予更高的确信值
	4	20 世纪 60 年代，超级大国 A 突然侵略周边某小国，企图推翻当时的政府。但失败了，且侵略者中大部分被处死或监禁。该大国是美国还是苏联呢？你多大程度相信你的选择呢？1 为一点也不确定，7 为非常确定	因提出了明确的时间，被调查者的思维被拉到 20 世纪 60 年代，当时大家心中的超级大国应该是苏联。在后见之明的影响下，被试者会更为相信自己的判断，并给予更高的确信值

2. 实证结果

依据前述的研究设计和数据处理思路，首先对中国证券监管者和投资者的决策理性水平加以量化分析和表达，数据结果如表 4-7 所示。

表 4-7　　三类被调查人群在三种信念偏差上的表现

	证券监管者	散户投资者	机构投资者
后见之明偏差	0.560 0 （0.291 9）	0.590 0 （0.264 1）	0.694 8 （0.290 9）
过度自信	0.550 8 （0.499 5）	0.839 0 （0.369 1）	0.762 7 （0.427 2）
证实性偏差	0.351 7 （0.404 6）	0.610 2 （0.424 3）	0.415 3 （0.393 8）
决策理性水平	48.75 （22.66）	67.97 （21.78）	62.43 （23.15）

注：括号中为标准差，表示各指标的离散程度，下同。

表 4－7 的描述性统计结果表明三类被调查人群在后见之明、过度自信和证实性偏差上的表现存在明显不同。其中，中国证券监管者的表现要更好于中国证券市场上的散户投资者和机构投资者。例如，在被调查的样本中，只有 55% 的中国证券监管者在实验情境中认为自己的能力要高于其他人，而这一比例在散户投资者和机构投资者中分别高达 84%和 76%。相同现象也出现在后见之明和证实性偏差的情境决策中，受影响的中国证券监管者人群比例都要低于散户投资者和机构投资者比例，这说明中国证券监管者在决策中会更不容易出现后见之明、过度自信和证实性偏差。在将三这类行为偏差进行量化合并后发现，中国证券监管者在信念影响下的决策理性水平（$M_{SR}=48.75$，$SD_{SR}=22.66$）要明显高于散户投资者（$M_{RI}=67.97$，$SD_{RI}=21.78$）和机构投资者（$M_{II}=62.43$，$SD_{II}=23.15$）的决策理性水平，为了验证差异的显著性，将继续引入差异检验的方法予以分析，结果如表 4－8 和表 4－9 所示。

表 4－8 中国证券监管者和散户投资者在不同信念偏差表现上的差异检验

偏差类型	均值之差 μ	样本标准差 s	T 值	自由度 DF	显著性 P
$D_{后见之明}$	－0.029 97	0.408 14	－0.798	117	0.427
$D_{过度自信}$	－0.288 14	0.641 87	－4.876	117	0.000***
$D_{证实性偏差}$	－0.258 47	0.568 90	－4.935	117	0.000***
$D_{决策理性水平}$	－19.219 40	33.954 31	－6.149	117	0.000***

注：***代表 $P<0.001$，**代表 $P<0.01$，*代表 $P<0.05$，＋代表边缘显著，下同。

从表 4－8 中可以看出，除了在后见之明情境中，中国证券监管者与散户投资者的表现并无显著差异外（$P=0.427>0.1$），两类人群在过度自信和证实性偏差上的表现有着极其显著的差异，显著性系数 P 都小于 0.001，说明中国证券监管者在情境决策中有着显著更低的过度自信和证实性偏差倾向。综合中国证券监管者和散户投资者在这三类非理性行为上的表现可以发现，两类人群在信念影响下的决策理性水平也存在极其显著的差异，其中，中国证券监管者的决策理性水平要显著高于散户投资者（$P<0.001$），说明信念因素对于中国证券监管者的决策行为影响更为有限。

表 4－9 中国证券监管者和机构投资者在不同信念偏差表现上的差异检验

偏差类型	均值之差 μ	样本标准差 s	T 值	自由度 DF	显著性 P
$D_{后见之明}$	－0.134 76	0.352 87	－4.148	117	0.000***
$D_{过度自信}$	－0.211 86	0.677 50	－3.397	117	0.001***

续表

偏差类型	均值之差μ	样本标准差 s	T 值	自由度 DF	显著性 P
$D_{证实性偏差}$	-0.063 56	0.556 80	-1.240	117	0.217
$D_{决策理性水平}$	-13.672 79	31.844 16	-4.664	117	0.000***

从表 4-9 中可以看出，除了在证实性偏差的决策情境中，中国证券监管者与机构投资者的表现并无显著差异外（$P=0.217>0.1$），两类人群在后见之明和过度自信上的表现有着极其显著的差异，显著性系数 P 都小于 0.001，说明中国证券监管者在决策中有着显著更低的后见之明和过度自信倾向。综合中国证券监管者和机构投资者在这三种非理性行为上的表现可以发现，两类人群在信念影响下的决策理性水平也存在极其显著的差异，其中，中国证券监管者的决策理性水平要显著高于机构投资者（$P<0.001$）水平，说明信念因素对于中国证券监管者的决策行为影响更为有限。

4.2.3 研究讨论

信念是行为主体在进行决策判断时的一种心理状态，在帮助提高行为主体应对复杂和不确定性问题能力的同时，也可能导致一系列非理性行为的产生。本节的研究发现，在信念因素的影响下，中国证券监管者确实难以避免过度自信、后见之明和证实性偏差的出现，但相比机构投资者和散户投资者，中国证券监管者的表现要更为理性。

上述研究发现与以往的研究结论存在明显不同。在以往关于证券监管者非理性行为的研究中，研究者普遍认为监管者会受到自身所持信念的影响，表现为对自己所掌握信息正确性的过度自信而过度干预市场（Plous，2004），以及为证实自己的决策而选择性执法（Mitchell，2002）。然而，研究结果却表明中国证券监管者在决策中并不存在很高的过度自信、后见之明和证实性偏差，说明信念的影响是十分有限的，这也表明以往研究所发现的过度监管、选择性监管现象可能并不是证券监管者强烈信念动机的结果，至少不能有效解释中国证券监管者的监管行为特征。事实上，从很多中国证券监管领导者的公开言论中也可以发现，监管者也并非自信和信念依赖的。例如，2016 年下半年以来，在面对保险公司频繁举牌上市公司这一现象时，上交所资本市场研究所所长魏刚表示："从监管层来说，我们也非常被动，有一些行为并不直接违反《证券法》的规则，但是道义上却站不住脚，因此规则上就需要做一些调整。例如，证监会能不能在事前有一些法律授权，在事前进行一些干预，同时在事后有相应的规则，支持监管真正长牙齿，发挥作用。"这间接体现出的是监管者难以坚持和维护自身信念的无奈。

实际上，中国证监会虽具有对证券市场的广泛监管权，但在监管权的具体实施过程中却受多个因素的制约而不能完全地体现其独立地位，这也影响了监管的客观立场和监管者信念的坚持。第一，从制度安排角度来看，中国施行的是以证监会为核心的集中型监管制度，证监会作为国务院直属的事业单位，虽具备较高的行政级别，但在市场问题认知中也受到一定的制度制约。例如，在现行体制下，中国证监会并不享有固定立法权，并且也并非所有证券活动的监管机构（柯湘，2015），这就导致监管者在行使监管权力时需要不断考虑所要处理问题的类型和属性，不断对所掌握信息进行重新理解和判断，不断对自我认知进行修正以适应监管环境。第二，从监管利益角度来看，对中小投资者的保护、维护市场“三公”和促进资本市场发展虽然是监管目标，但实际的理解和执行却受到包括政府、企业、中介机构等在内的各利益方利益的制约。一直以来，由于上市资源的稀缺性和巨大利益的驱使，证券市场长期伴随着寻租活动，而对于中国证券监管者来说，监管力量又是有限的，任何监管信息的公开和披露也都可能对市场产生极大的影响，因此，在对市场问题进行认知和处理时，监管者是谨慎的，需要不断考虑各利益方的诉求，而这就可能限制了其自我认知的表达。第三，从监管的成本和收益来看，监管者在制定和实施监管决策时所担负的责任和收益往往是不匹配的，市场所赋予的过高的监管期望也促使监管者更加谨慎地对待监管问题，这就间接限制了证券监管者自我信念的坚持和表达，因为过强的信念反而会带来更高的决策风险和责任，进而影响其职位和声誉。因此，当面对自我认知和客体要求冲突时，监管行为往往缺少动机以证明信念的正确性。此外，作为体制内的工作人员，中国证券监管者自身所追求的利益通常是权力、声望以及轻松的工作负担等，而这些个人利益往往通过在政府指导和影响下所从事的公共活动实现，因此，中国证券监管者在制定监管决策时只要服从政府的政策法规就可以帮助其实现个人利益并且承担更少的职责风险。

上述分析表明过度自信、证实性偏差和后见之明等由信念依赖所导致的偏差并不能有效解释过度监管、选择性监管等监管行为特征，因为更高的权威性和合法性并没有让中国证券监管者比证券市场投资者更相信自己的判断。然而，由第 3 章的研究可知，过度监管、选择性监管又确实存在于中国的证券监管实际中，那么，又该如何理解这些监管行为特征呢？这可能与其他非理性因素的影响相关，例如本章 4.1 所分析的启发式思考的影响。事实上，信念是个体心理活动的一项重要内容，如果在对问题进行判断时缺少对信念的依赖，个体虽然能够规避由错误信念以及为保护信念所带来的不良后果，但同时也更容易受外界复杂环境的影响而放弃自身的立场，体现为人云亦云和随波逐流。因此，对于中国证券监管者而言，在决策中缺少对信念的依赖很可能会导致从众效应和责任推卸效应，容易受到外部环境的干扰或误导而放弃自身应该坚持的正确信念和立场，具体到证券监管者的监管行为中就会主要体现为失时式监管、盲目式监管和不透明式监管。具体而言，由于缺乏自我信念的支持，中国证券监管者在决策时会存在缺乏自信心和安全感的情况，对自己的独立判断也没有把握。因此，中国证券监管者不倾向于对市场问题进行快速的判断而承担更多的责任，而是寄希望于获取更多的信息来进行判断，这也就导致了监管经常是滞后于市场问题的。同时，在应对一些突发和不确定性的市场状况时，信念依赖的不足会使中国证券监管者屈服于外界的压力，为了降低来自公众和舆论的压力而盲目进行监管，导致很多监管政策的出台并没有实质性地解决市场问题，反而加剧了市场风险的累积。此外，为了减少社会公众及舆论施加的压力，证券监管者通常不愿意将更多监管的细节予以公开，也不愿意表达与社会主流意见不同的观点，这其实也是监管者不自信、安全感低的表现，是由自我信念的不足所导致的。

4.3 中国证券监管者在损益影响下的决策理性水平

4.3.1 损益状态下的认知特征及非理性行为表现

在传统经济学研究中，由于理性人假设，行为主体被认为在损失和收益下的风险决策认知是一致的，都以追求预期效用最大化为目的。然而，阿莱悖论和埃尔斯伯格悖论的提出则表明预期效用最大化在现实中并不总是成立。Kahneman 和 Tversky（1979）的研究也认为，预期效用理论与现实状况的不一致源于人们对于盈利状态和损失状态的不同反应，并据此提出了著名的“前景理论”。前景理论认为个体的风险决策过程包括编辑和评价，编辑阶段是对于信息的采集和处理，而评价阶段则是对价值函数和权重函数的判断，其中，价值函数的认知判断被假设为经验性的，受到损益状态的显著影响，其具体的假设包括三点：第一，大多数人在面对收益时是风险规避的，其行为偏差表现为确定性效应。Kahneman 和 Tversky（1979）的研究发现在相同的期望收益下，人们倾向选择确定性的好处以“落袋为安”。例如，在实验中他们要求被试者在赌局中做出选择，而相比于非确定性选项 A：“50%概率盈利 1 000 美元，50%概率盈利 0 美元”，更多的被试者选择了确定性选项 B“100%概率盈利 450 美元”，而事实上，选项 A 的期望收益要大于选项 B。第二，大多数人在面对损失时是风险寻求的，其行为偏差表现为反射效应。在 Kahneman 和 Tversky（1979）所做的实验中，当被试者面对“A：80%概率输掉 4 000 美元，20%概率没有任何损失；B：100%概率输掉 3 000 元”这两个赌局时，92%的人选择了 A，表现出极高比例的风险寻求，但事实上，选项 A 的预期损失是要大于 B 的。损失状态下的风险寻求与收益状态下的风险厌恶形成了鲜明的对比，二者之间由于呈镜像反射的特点而被 Kahneman 和 Tversky 生动地称为“反射效应”。第三，人们对损失要比对收益更敏感，其行为偏差表现为损失厌恶。Kahneman 和 Tversky（1979，1991）的研究认为，损失所带来的痛苦感相当于两倍的等量获益所产生的感受，因此在同时面对损失和收益时，损失会更能引起人们的注意。Weller 和 Levin（2007）的研究从认知神经角度对这一假设进行了证实，通过电生理实验发现人脑在处理潜在的损失和收益时，所使用的神经系统确实不同，其中，潜在损失下的风险决策要比包含收益的风险决策在生理上更为敏感。

前景理论对于个体在损益状态下认知的描述为理解个体行为提供了一个全新的视角，尤其是在证券市场投资中，很多市场异象得以被解释。例如，Benartzi 和 Thaler（1995）就应用前景理论对 Mehra 和 Prescott 在 1985 年提出的股权溢价之谜进行了解释，认为投资者由于短视性损失厌恶心理而频繁评估股票，因此只有当股市的长期收益维持在较高水平，投资者才会认为股票和债券是可以相互替代的。Barberis 等（2001）的研究也发现投资者为了避免损失而要求风险资产有更高的收益。Weber 和 Camerer（1998）针对投资者在处置股票时的“出盈保亏”现象进行了解释，认为投资者对待损失和收益的态度是不同的；在收益区域，投资者由于更喜欢确定的收益而倾向卖出股票以实现收益；而在损失区域，由于投资者不喜欢确定的损失，所以他们会倾向持有手中的亏损股票以期望未来能够回本。在中国证券监管中，虽然监管者较少在金钱损益下做决策，但监管行为本身也伴随着损失和收益的情况，因此，监管者自身的损益认知状况也不可避免地会影响到其监管决策的制定和执行，例如，郝旭光等（2016）的研究就认为中国证券监管者普遍存在损失厌恶的倾向，这也是导致监管滞后和过度监管的主要原因。

4.3.2 研究设计与实证结果

1. 研究设计

本节的研究目的在于探讨中国证券监管者在决策判断中是否会受到损失与收益的不同影响而出现非理性行为，而这方面的决策理性水平是否显著区别于证券市场投资者。在具体的研究设计中，本节将以前景理论讨论中个体损益认知的三个基础假设为出发点，通过观察中国证券监管者在确定性效应、反射效应和损失厌恶上的表现来综合分析和判断中国证券监管者的决策理性水平。因此，本节将继续采用心理问卷的调查方式，选择并改写 Kahneman 和 Tversky（1979）研究中关于确定性效应、反射效应和损失厌恶的实验问题并将其作为本次研究问卷的主要构成部分，所有情境问题的选项均只包含两个，被试者的作答可以清晰区分其是否在这些情境问题上存在偏差，其结果也符合 0－1 二项分布。在决策理性水平的评价中，本节依旧延续前两节的数据处理思路，通过量化的计算方法将中国证券监管者在确定性效应、反射效应和损失厌恶上的表现进行加总取平均值，乘以 100，转化成百分制，进而得出损益影响下的决策理性水平。其中，得分越高意味决策理性水平越低。本部分的研究对象依旧以中国证券监管者和投资者为主，所选取样本为 4.1 的研究样本，问卷的测量内容如表 4－10 所示。

表 4－10　　测量损益认知偏差的情景问题

偏差类型	问题序号	主要内容	选项分析
确定性效应	7	如果你面临以下选择，你会选择哪一个：1. 肯定会获得 240 元；2. 25% 的概率获得 1 000 元，75%的概率一无所得	选项涉及人们在收益状态下的不同决策情境。如果被试者受到确定性效应的影响，会倾向选择选项 1 以规避风险
反射效应	2	如果面临以下情况，你将会选择哪一种情形：1. 肯定（百分之百的概率）会输掉 50 元；2. 25%的概率输掉 200 元，75%的概率不会输掉任何东西	选项涉及人们在损失状态下的不同决策情境。如果被试者受到反射效应的影响，会倾向选择选项 2 以寻求风险
损失厌恶	33	以下哪种情况下你的体验更敏感：1. 名义工资上涨 5%，而同期通胀率为 12%；2. 工资水平下降 7%，而同期通胀率为 0	选项 1 与选项 2 的结果都是一样的。如果被试者存在损失厌恶，会认为选项 2 的结果更难以接受

2. 实证结果

依据本章节的研究设计和数据处理思路，中国证券监管者和证券市场投资者在反射效应、确定性效应和损失厌恶上的表现以及决策理性水平如表 4－11 所示。

表 4－11　三类被调查人群在三种损益相关非理性行为上的表现及决策理性水平

	证券监管者	散户投资者	机构投资者
反射效应	0.762 7 （0.427 2）	0.839 0 （0.369 1）	0.762 7 （0.427 2）

续表

	证券监管者	散户投资者	机构投资者
确定性效应	0.542 4 （0.500 3）	0.584 7 （0.494 9）	0.474 6 （0.501 5）
损失厌恶	0.703 4 （0.458 7）	0.796 6 （0.404 2）	0.703 4 （0.458 7）
决策理性水平	66.94 （28.41）	74.01 （26.55）	64.69 （27.66）

表 4－11 的结果表明这三类被调查人群在决策中均表现出不同程度的反射效应、确定性效应和损失厌恶。其中，三类被调查人群在损失状态影响下均有超过 70%的人出现反射效应和损失厌恶的行为特征，而在收益状态影响下，约 50%的人群会出现确定性效应的行为特征。具体到三类人群之间的比较，中国证券监管者中出现反射效应、确定性效应和损失厌恶的人群比例要比散户投资者更低，综合后的决策理性水平也要更高。但相比机构投资者，中国证券监管者在这三类非理性行为上的表现并没有明显的差别，综合后的决策理性水平也比较接近。为了验证上述差异的显著性，继续引入差异检验的方法予以分析，结果如表 4－12 和表 4－13 所示。

表 4－12　中国证券监管者和散户投资者的损益认知水平的差异检验

行为特征类型	均值之差 μ	样本标准差 s	T 值	自由度 DF	显著性 P
$D_{反射效应}$	－0.076 3	0.525 53	－1.577	117	0.118
$D_{确定性效应}$	－0.042 4	0.684 31	－0.673	117	0.503
$D_{损失厌恶}$	－0.093 2	0.598 96	－1.691	117	0.094^{+}
$D_{决策理性水平}$	－7.062 1	36.424 1	－2.106	117	0.037^{*}

从表 4－12 可以看出，中国证券监管者与散户投资者在损失厌恶的表现方面存在边缘显著差异（$P=0.094<0.1$），但在确定性效应和反射效应上的表现则不存在显著的差异（$P>0.1$）。综合来看，中国证券监管者在损益状态影响下的决策理性水平显著低于散户投资者水平（$P=0.037<0.05$），说明中国证券监管者在损益状态影响下的决策要比散户投资者更为理性。

表 4–13　中国证券监管者和机构投资者的损益认知水平的差异检验

行为特征类型	均值之差μ	样本标准差 s	T 值	自由度 DF	显著性 P
$D_{反射效应}$	0.000 0	0.613 24	0.000	117	1.000
$D_{确定性效应}$	0.067 8	0.688 47	1.070	117	0.287
$D_{损失厌恶}$	0.000 0	0.640 51	0.000	117	1.000
$D_{决策理性水平}$	0.022 6	38.66 94	0.635	117	0.527

从表 4–13 可以看出，中国证券监管者与机构投资者在确定性效应、反射效应以及损失厌恶上的表现都没有显著的差异（$P>0.1$）。综合来看，中国证券监管者在损益状态影响下的决策理性水平与机构投资者并无显著差异，说明中国证券监管者在损益状态下的决策理性程度并不显著地好于机构投资者。

4.3.3　研究讨论

前景理论的研究认为人们在面对损失和收益时的认知是不同的，其中，在损失状态下是风险寻求的，而在收益状态下则是风险规避的，并且，人们对于损失要比同等数额的收益更敏感。心理问卷调查的结果进一步证实了这一点，无论是中国证券监管者还是证券市场投资者在面对损失和收益的不同状态时都容易出现非理性行为，尤其是在面对损失时，风险寻求心理尤其明显。同时，本节的研究也发现，三类人群在损益状态下的理性认知水平存在显著差异，主要表现为在损失状态下，中国证券监管者的决策理性水平要显著高于散户投资者，但与机构投资者相比却无显著差异。

上述研究发现表明，中国证券监管者在面对损失和收益时的决策也难以避免出现非理性行为，虽然理性程度要高于散户投资者，但这主要是由于散户投资者本身就是高度非理性的，缺少关于证券投资和风险评估的专业知识，并且对损益也极为敏感。相比之下，中国证券监管者不仅在专业知识、信息获取上有着明显的优势，并且也不参与市场交易，理应对损益的敏感性要更低。但事实上，依旧有超过 70%的人在损失状态下出现了非理性行为，超过 50%的人在收益状态下出现了非理性行为，理性程度也并没有显著好于机构投资者。上述分析也进一步表明损益状态对于监管者监管行为的影响可能是非常大的，结合以往文献以及第 3 章的研究成果，中国证券监管者在损失状况下的监管决策更可能出现选择式监管、失时式监管和非协调式监管，而在收益状况下更可能出现过度监管。一直以来，中国证券监管者需要处理和应对大量的市场问题，而市场问题的解决效果则直接关系到监管者自身的声誉和职位晋升。因此，为了规避潜在的职位和声誉损失，证券监管者在日常监管活动中常会墨守成规，对于已有的监管政策和法规有着极强的依赖性，倾向以现有标准为依托对市场进行过度监管以追求确定性的监管结果，并且确保不会犯严重的监管错误。但同时，在面对新的市场问题时，由于缺少相关的决策标准，证券监管者为了规避监管带来的潜在损失，又会倾向对这些问题进行滞后处理，直到问题日益严重，导致市场风险或损失扩大才不得不做出反应。例如在 2015 年的牛市中，证券监管者在面对互联网金融、场外配资等这些新的金融创新现象时，由于担心监管会招致市场非议而未及时做出反应，直到市场演化为“疯牛”，风险大规模暴露时才进行监管，而这也间接加速了市场的崩溃，危害了市场的稳定。此外，当监管不理想而造成市场损失的时候，证券监管者由于损失厌恶又会积极地寻求规避损失和逃避责任的方法，并且当涉及监管者个人利益损失时，其决策行为更可能出现偏差。例如，2015 年，证券监管者在面对“去杠杆”带来的市场暴跌时，为了抑制监管措施带来的损失，又开始组织券商救市。显然，一边去杠杆，一边又限制做空的监管措施在逻辑上是相互冲突的，这也导致了广大投资者的利益没有得到有效保障。

4.4　中国证券监管者在后悔影响下的决策理性水平

4.4.1　后悔的心理基础及非理性行为表现

后悔意味着或多或少的痛苦感知，以及对不幸、损失、错误等事件所感受到的情绪状态（Landman，1993）。后悔产生于个体对于不同选项之间的比较，当个体意识到选择不同选项可能会带来更好的结果时，后悔感就会产生（Bell，1982；Loomes 和 Sugden，1982）。在以往研究中，后悔被认为是基于认知判断而诱发的一种高级社会情绪（徐晓坤、周晓林，2005），因此，类似信念、知觉、经验这样的认知因素都会对后悔产生影响。例如，Gilovich 等（1994）的研究就发现，当要求被试者回忆所经历的后悔事情时，大多数人描述的后悔事件都是可控的，强调了自己对不好结果所负有的责任。Connolly 和 Zeelenberg（2002）提出的决策合理性理论更是指出后悔源于个体对于决策过程和结果的评价，其中，当个体认为决策过程越合理，则后悔程度越低。随着认知神经科学的兴起，后悔的认知基础也被进一步揭示。例如，Camille 等（2004）的研究发现，眶额皮层损伤的病人在没有后悔情绪时能够对结果的输赢进行正常编码，但在后悔情绪产生后则出现了障碍。Coricelli 等（2005）进一步验证了这一结论，发现后悔情绪的体验与腹内侧眶额皮层、扣带回皮层前部以及海马前部的活动密切相关，而上述神经的活动可能调节了认知的冲突以缓解负性情绪，从而引起了后悔情绪，这也表明后悔可能是人们面对不利结果时缓解失控感的认知产物。基于对后悔心理基础的论述可以发现，后悔作为人类的一种高级认知情绪确实有助于以更加谨慎和细致的方式来进行决策，但同时，后悔也会导致非理性行为的发生，后悔厌恶就是其中的典型表现。后悔厌恶意为个体在面对后悔时是内在厌恶的，常倾向于规避后悔情绪，即使这种规避行为会牺牲一些实际的客观收益（Zeelenberg，1999；Connolly 和 Butler，2006）。Savage（1954）在经济学的研究中提出，个体在经济决策中遵循的是“最大最小化后悔”原则而非预期效用最大化的原则。在证券市场投资中，投资者为了避免后悔也常做出一系列非理性行为，如为了等待一些信息而推迟决策，即使这些信息对于决策并不重要。此外，后悔也会导致从众效应的发生，投资者为了减小后悔而更可能选择随大流。

4.4.2 研究设计与实证结果

本节的研究目的在于探讨中国证券监管者在决策判断中是否会受到后悔的影响而出现行为偏差，而这方面的理性水平又是否显著有别于证券市场投资者。在具体的研究设计中，本节选取 Kahneman 和 Miller（1986）在研究后悔厌恶时使用的实验情境问题，以心理问卷的方式考察中国证券监管者和散户投资者以及机构投资者的后悔厌恶表现。具体的决策情景如下：

“甲和乙两人分别到了两家不同的电影院看电影。甲排队时，电影院经理告诉他，他是第 100 000 个顾客，可以得到价值 50 元的礼品一份。乙在另一家影院排队时，经理告诉他前面的人说那个人是第 100 000 个顾客，可以得到价值 500 元的礼品，同时，告诉乙说第 100 001 个顾客也可得到价值 60 元的礼品一份。如果是您，您更愿意成为甲还是乙呢？”

在这一情景问题中，从实际结果来看，乙获得的利益要大于甲，但在后悔厌恶的影响下，被试者会认为甲的体验更好，会更希望自己是甲。本节的研究中所使用的样本依旧为 4.1 的研究样本，调查样本的群体组成情况可参考表 4－1。对问卷数据进行分析和处理后发现，三类被调查人群在后悔厌恶情境中存在不同的表现，具体描述性统计结果如表 4－14 所示。

表 4－14　中国证券监管者与投资者中出现后悔厌恶情形的人数及占比

人员类型	统计	后悔厌恶	
		不存在	存在
中国证券监管者	人数	34	84
	比率/%	28.8	71.2
散户投资者	人数	24	94
	比率/%	20.3	79.7
机构投资者	人数	26	92
	比率/%	22.0	78.0

由表 4－14 的数据结果可以发现，在三类被调查人群中，均有超过 70%的被调查者由于后悔的影响而导致非理性的决策，这表明无论是中国证券监管者还是中国证券市场投资者，后悔情绪对于决策存在明显的影响。具体而言，中国证券监管者中有 71.2%的被调查者在决策中表现出后悔厌恶，这一比例要低于散户投资者中受影响的人群比例（79.7%）和机构投资者中受影响的人群比例（78%）。为了验证这一差异的显著性，继续引入差异检验的方法予以分析，结果如表 4－15 所示。

表 4－15　中国证券监管者与投资者后悔厌恶的差异检验

	SS	*df*	*MS*	*F*	*P* 值	显著性
中国证券监管者 vs 散户投资者	0.423 73	1	0.423 73	2.288 73	0.132	不显著
中国证券监管者 vs 机构投资者	0.271 19	1	0.271 19	1.426 83	0.233	不显著

由表 4－15 的差异分析结果可以发现，虽然中国证券监管者与散户投资者和机构投资者在后悔厌恶的表现上存在一定的差异，但这一差异并不显著（$P>0.1$），说明中国证券监管者在决策中同样难以避免后悔的影响，并且理性水平也并不显著好于证券市场投资者市场。

4.4.3 研究讨论

本节的研究发现，中国证券监管者在决策时也会受到后悔情绪的影响，表现出寻求“后悔最小化”而非“收益最大化”的决策行为特征，并且在这方面的决策理性水平并不显著地好于机构投资者和散户投资者。

在实际监管中，中国证券监管者由于后悔的影响可能会主要表现出失时式监管、松懈式监管和过度式监管。心理学研究表明，后悔对行为主体的影响通常会伴随严厉自责和自我改正倾向的出现，导致人们容易在事前采取行动以主动规避后悔，并且在事后采取行动以逃避后悔。一方面，在日常监管活动中，为了规避监管遗漏所带来的后悔感，证券监管者会加大监管的力度，对市场进行频繁干预以使其按照可预期的方式运行。然而，这也会导致证券监管者经常性地高估反常事件并且低估正常事件，将注意力放在那些琐碎问题上，显然，这不利于对市场问题进行整体和精确把握。此外，在后悔的影响下，证券监管者在解决一些新出现的市场现象和问题时会过于小心和谨慎，不断收集一些信息来延迟决策，即使收集的大部分信息与当前决策的关联性很低。另一方面，当监管效果不如预期时，证券监管者会通过松懈式监管来逃避后悔感。例如，证券监管者在对违反证券法规的企业进行处理时往往存在处罚不力的情况，其中的一个原因就是这些企业最初是由他们批准上市的，当企业出问题时，会认为企业的问题并没有事实所述那么严重，而较轻的处罚则会弥补一定的后悔感。

4.5 本章小结

本章从启发式思考、信念依赖、损益和后悔四个方面实证检验了非理性因素对于中国证券监管者监管行为的影响，并通过与证券市场投资者进行对比来进一步探讨中国证券监管者的决策理性水平。基于此，本章主要的研究发现有两点：第一，中国证券监管者在决策时难以避免非理性因素的影响。在一般的认识和理解中，证券监管者由于其专业性和权威性特征理应在证券市场的监督管理中有很高的理性。然而，本章的实证研究却表明，中国证券监管者在决策时也不同程度地会受到启发式思考、信念依赖、损益和后悔的影响。其中，在后悔影响下的决策理性水平与散户投资者和机构投资者并无显著差异，而在启发式思考和损益影响下的决策理性水平则与机构投资者并无显著差异。第二，中国证券监管者在不同非理性因素影响下的决策理性水平具有一定的特殊性。本章的研究发现，中国证券监管者在启发式思考、信念依赖和损益影响下的决策理性水平要显著高于散户投资者，同时，在信念依赖影响下的决策理性水平也要显著高于机构投资者。这表明非理性因素对于中国证券监管者的决策行为影响具有一定的特殊性，需要结合具体的监管行为特征进行判别。

简言之，中国证券监管者在决策中也会受到非理性因素的影响，其决策理性水平虽要显著高于散户投资者，但与机构投资者相比则无显著差异。事实上，无论是行为金融学的研究还是日常的观察，在中国证券市场上，散户投资者的理性水平向来都是很低的，类似“追涨杀跌”“频繁交易”“卖盈保亏”这样的非理性行为经常发生在散户投资者身上，所以也不难理解为什么中国证券监管者的决策理性水平要显著高于散户投资者。然而，值得注意的是，中国证券监管者并不比机构投资者更理性，而后者从资金规模和专业性上来说都远超于散户投资者，对于市场也有着更大的影响。现实中，相比于散户投资者，中国证券监管者会更多地监督和管理机构投资者的行为，而面对的问题是，中国证券监管者本身并不比机构投资者更理性，那么又如何能帮助机构投资者认识到非理性错误呢？显然，更常见的情况是证券监管者与机构投资者之间不断地进行“非理性博弈”，而这对于证券市场的稳定和发展并不能起到促进作用。

针对由非理性因素导致的监管行为，本章结合第 3 章的研究结论进行了深入的分析和探讨，认为启发式思考、信念依赖、损益和后悔四个非理性因素一定程度上能够解释中国证券监管者的典型监管行为特征。但同时，本章的研究也发现两个问题有待接下来的章节进一步讨论。第一，不同非理性因素可以解释部分监管行为特征，但又不能解释全部的监管行为特征。例如，中国证券监管者在启发式思考的影响下会出现过度式监管和选择式监管的情况，但失时式监管和松懈式监管却难以与证券监管者的“经验法则”联系在一起。同理，后悔与过度监管、滞后监管等一系列监管行为有着紧密的联系，但与包括选择性监管在内的监管行为之间的联系在逻辑上并不紧密。这其中存在的问题就在于难以判断不同非理性因素对于监管行为影响的范围以及在证券监管者的决策中扮演的角色。第二，相同的监管行为特征可以由不同的非理性因素来解释。例如，过度监管就可以同时由启发式思考和后悔的影响来解释，而滞后监管也可以同时由损失和后悔的影响来解释。上述问题表明中国证券监管者的不同非理性监管行为并不是独立存在的，并且，影响不同行为的非理性因素也一定相互联系。为此，有必要从关联性角度对影响中国证券监管者决策行为的非理性因素进行深入的探讨，以进一步理解和掌握不同非理性行为背后的心理认知机制。

第 5 章

中国证券监管者非理性行为的局部关联性研究

5.1 问题提出

第 4 章提出影响监管行为的非理性因素在认知层面可能是相互联系的，这意味着对于监管者非理性行为模式的探讨不能只停留在不同非理性因素与监管行为的逻辑匹配上，需要综合考虑和验证不同非理性行为之间的关系以获得更为精确和普遍的研究结论。实际上，在已有行为金融的研究中，研究者对不同非理性行为之间的相关性进行过探讨。例如，Rubaltelli 等（2005）的研究就发现，具有维持现状倾向的被试者在对待已有投资组合时更容易出现处置效应。Katarina 和 Iris（2011）的实验研究发现，框架效应与证实性偏差之间存在显著相关关系，即处于正面框架下的人要比处于负面框架的人有着更低的证实性偏差倾向。Erceg 和 Galic（2014）的研究则发现，在足球比赛预测中，任务呈现形式的不同显著改变了被试者的过度自信倾向，但对合取谬误却没有带来显著影响，说明过度自信与合取谬误之间并无关系。此外，相关性的探讨同样存在于监管行为的研究中，例如，Mitchell（2002）的研究发现，易得启发式偏差与证实性偏差是相伴出现的，表现为对特定信息的偏爱和搜集。Shiller（2010）的研究就指出，过度自信和启发式思考是相伴出现的，都表现为以价值判断的方式来干预市场。郝旭光、李放和张士玉（2013）的研究发现，监管者的监管行为常受先验假设偏差、立即满足偏差和回忆陷阱的影响，并且这三个行为偏差是相伴出现的，共同受到过度自信的影响。郝旭光、张嘉祺和刘子建（2016）的研究则发现，证券监管者在决策中存在沉没成本效应，并且与后悔厌恶显著相关。

上述关于非理性行为的相关性研究对于理解背后认知规律有着重要的作用，但此类研究也存在三点问题需要继续探讨。

第一，研究结论不一致。以往研究虽在不同非理性行为之间建立起了联系，但关于联系的强度和显著性却鲜有一致的答案，例如，Chu、Im 和 Jang（2012）的研究就发现，过度自信的投资者更倾向于提前兑现收益以体验自豪感，同时继续持有亏损的股票以避免损失带来的耻辱感，这表明过度自信和处置效应是正向相关的。同时，Tehrani 和 Gharehkoolchian（2012）的实证研究却发现过度自信与处置效应之间不存在任何显著相关关系。

第二，不同理论解释之间存在交叉。例如，前景理论被认为可以用来解释处置效应、维持现状偏差、禀赋效应等非理性行为产生的原因（Kahneman 等，1991；Barberis、Huang 和 Santos，2002；刘欢、梁竹苑和李纾，2009）。但同时，也有研究认为后悔理论可以解释上述非理性行为（Muermann 和 Volkmann，2006；Kogler、Kühberger 和 Gilhofer，2013）。事实上，损失和后悔之间也是相互联系的，二者都是对预期效用最大化原则的挑战，而已有研究也表明人们在决策时经常是基于他们对不同结果所带来情绪体验的预期（Loewenstein、O'Donoghue 和 Rabin，2003；Mellers、Schwartz 和 Ritov，1999；Wilson 和 Gilbert，2005）。其中，预期作用在后悔理论中就表现为预期后悔，而其心理根源就是后悔厌恶。同样，预期作用在损失厌恶的分析中也起着重要的作用。Kermer（2006）的研究表明，人们在对赌博行为进行预测时具有更明显的损失厌恶倾向，但在实际赌博中，损失厌恶倾向并不如预测的那么强烈，说明人们对损失和收益的体验具有更多情感预测的属性。

第三，不同理论解释存在有效性不足的问题。以往行为金融的研究主要以描述性范式为主，在描述性范式的指导下，研究者主要力图发现和解释决策者在决策过程中受到的限制，而解释则依据所选研究角度、研究假设的不同而存在区别。实际上，无论选择哪一种视角或假设都存在一定的局限。例如，在合取谬误的研究中，Tversky 和 Kahneman（1983）最早认为合取谬误是由启发式思考所致，认为在合取问题中，人们实际上是用事物的代表性或相似性特征作为启发式属性以进行判断。长期以来，启发式思考被视为是合取谬误的经典解释，但同时，近些年的研究表明这一解释可能并不总是有效的。Riis 和 Schwarz（2003）的研究就发现，当使用运动信号来刺激被试者运用更多启发式思考时，出现合取谬误的被试者比例并没有显著增加，相反，分析性的思考过程由于促使被试者将更多的注意力集中于所给描述中的无用细节而显著增加了合取谬误的比例。Nilsson（2008）的实验研究同样也支持了这一结论，强调了启发式理论对于合取谬误现象有着较低的解释力度。针对启发式思考解释的局限，一些学者转而寻求其他的认知解释，而证实性理论（Confirmation Theory）就是其中一种解释角度。证实性理论是贝叶斯归纳确认逻辑的分支，即证据影响事件发生的可信度。在数学意义上就是如果有证据支持事件的发生，那么该事件的条件概率就大于其本身的概率，即 P（A/e）$\geqslant P$（A）（刘程浩等，2015）。在合取问题中，个体在判断时经常将指导语作为判断的证据，由于证据 E 的存在，相比于单独事件 A 或 B，证据 E 更可能对合取事件（A&B）的发生起到证实性的支持作用并进而影响人们的判断。Crupi、Fitelson 和 Tentori（2008）的研究对证实性理论的解释进行了系统性的阐述，认为在经典的合取谬误情境中要满足三个条件，并且讨论了这些相同的条件隐含了由证据所证实的 A&B 的概率要高于单独的 A 或 B 的概率。然而，证实性理论的解释同样受到后续研究的质疑，Schupbach（2012）用三个实验来检验 Crupi 的证实性解释，发现证实性理论的条件与合取谬误的存在之间只是有着很弱的因果关系。Jönsson（2016）的研究明确提出，证实性理论不能用于解释因果合取谬误，认为证实性理论的解释局限于一定的范围，并且只能用于特定受限制种类的合取例子。

上述研究局限表明，以往对非理性行为相关性的研究虽取得了丰富的研究成果，但依旧难以形成系统性的研究体系。一方面，这源于非理性问题的复杂性特征。个体决策行为的研究向来是社会科学研究的重点和难点，早期经济学的研究通过“理性人”假设将个体行为约束在一定的框架下，这在降低了问题复杂性程度的同时，也使所建立的研究体系脱离客观现实而饱受诟病，因此，近些年的研究开始注重从非理性角度来理解个体的决策行为。然而，非理性包含复杂和丰富的内容，描述性范式的应用则注定了这个领域的研究是繁杂而缺乏标准的。研究者虽然基于的都是“非理性”假设，但研究角度的不同则会造成不同研究所得结论不一致。另一方面，源于研究结论普遍性和特殊性的矛盾。第 4 章的实证研究指出，非理性因素对不同行为主体的影响既有普遍性特征，也有特殊性特征。在相关性研究中所得出的结论也存在普遍性和特殊性的区分。然而，在以往研究中，由于研究对象选择的局限性，体现出来的只是特定人群的非理性特征，造成了现有研究结论的不同。因此，针对上述局限，有必要对不同非理性行为之间的关联性进行系统性的探讨，发现和总结不同非理性行为关联性背后的认知规律，通过比较研究得出符合中国证券监管者人群特征的研究结论。

5.2 研究思路与研究设计

在以往研究中，非理性行为关联性的研究主要通过统计学中的相关分析来计算和得出两两非理性行为之间的相关性，所以，如果将“非理性”视为一个整体概念，此类研究的范畴就属于非理性内容的局部相关性讨论。基于此，为了和以往的研究形成参照，本章将继续采用心理问卷调查的方法来观察中国证券监管者在不同非理性行为上的表现，使用相关分析的方法来研究中国证券监管者非理性行为之间的两两相关关系，并对多个非理性行为之间的局部关联性进行讨论，具体的研究流程图如图 5－1 所示。

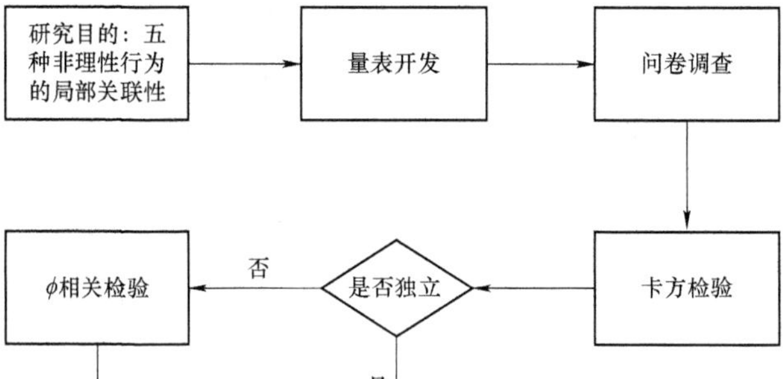

图 5－1　非理性行为局部关联性的研究流程图

在具体的研究设计中，由于研究非理性行为的局部关联性，本章只选取部分典型的非理性行为作为变量，主要原因包括两点。第一，本章研究的目的是对中国证券监管者非理性行为模式进行探索性分析，因此，对于非理性行为背后规律的发掘才是本章研究的重点。由上文的分析中已经知道，非理性是一个复杂而丰富的概念，在实际研究中受非理性因素影响的行为更是多达几十种，如果只是以相关显著性的方式将所有这些内容联系在一起只会产生大量碎片化的结论，并不利于发现深层次的规律。第二，非理性行为的局部关联性与整体关联性存在辩证统一的关系。理论上，整体是由局部构成，但并不是单纯地叠加，而是以一定的结构形式互相联系。因此，如果以局部的研究方法来探索整体特征，就要求所选取的研究变量具有典型性和代表性，而非简单地选取更多的变量。基于上述考虑，本章的研究最终选取合取谬误、过度自信、确定性效应、反射效应和后悔厌恶作为研究变量并探讨它们之间的相关关系及显著性。因为这五个非理性行为分别代表了启发式思考、信念依赖、损失、收益和后悔对行为主体的决策影响，对发现不同非理性行为背后的规律也有着重要的意义。在问卷设计上，本章将继续采用描述性的研究范式，参考以往关于合取谬误、过度自信、确定性效应、反射效应和后悔厌恶研究的经典实验设计并将其改编为心理调查问卷，通过观察和分析中国证券监管者在不同非理性行为上表现的相关关系来推测背后的心理认知规律。为使被调查者准确理解问卷题目并真实作答，问卷的语言设计简单无偏，提示语中告知被调查者所有问题均无标准答案，只需根据自己真实想法作答即可。此外，为筛选出有效的数据样本，问卷中设置了一道干扰题以检验被调查者是否诚实作答："在下列两种情况中，您会怎么选择？A. 两只股票，一只亏 400 元，一只赚 50 元；B. 两只股票，一只亏 50 元，一只赚 400 元"，在此问题中并不存在任何认知陷阱，如果有被调查者选择选项 A，说明该被调查者并未认真作答。为了检验由实验情境所形成量表的信度，本书对其中一些非理性行为变量选取多个情境题目以测验同质性信度。例如，针对确定性效应的测量，问卷就包含三个不同的题目：如果你面临以下选择，你会选择哪一个？（1）肯定会获得 240 元；（2）25%的概率获得 1 000 元，75%的概率什么也得不到。如果你面临以下选择，你会选择哪一个？（1）有 33%的概率得到 2 500 元，有 66%的概率得到 2 400 元，有 1%的概率什么也得不到；（2）确定能得到 2 400 元。如果你面临以下选择，你会选择哪一个？（1）有 80%的概率得到 4 000 元；（2）100%的概率能得到 3 000 元。测量结果显示克伦巴赫 Alpha 系数为 0.653，说明上述题目对于确定性效应的测量具有较高的信度。同样，针对反射效应、后悔厌恶和过度自信测量的克伦巴赫 Alpha 系数均大于 0.5，说明此次研究所设计的问卷量表具备较好的信度。

在问卷发放对象的选择上，除了以中国证券监管者为主要的研究对象，本章的研究还将试图搜集包含不同性别、年龄、收入、学历、职业等特征的大样本人群数据以得出合取谬误、过度自信、确定性效应、反射效应和后悔厌恶五个非理性行为之间相关性的一般性结论，并且分析和挖掘背后的心理认知规律。随后，通过分析得到的中国证券监管者的数据结果来验证是否具有与大样本人群相似的心理认知规律，并根据比较的结果进一步得出本章的研究结论。具体而言，本章的研究除了发放并回收了 118 份中国证券监管者的有效问卷之外，还在 2011—2016 年期间向各类不同特征人群发放超过 2 500 份问卷，共回收 1 975 份有效问卷，其中包括来自本科生的问卷 367 份、来自研究生的问卷 472

份、来自企业基层员工的问卷474份、来自企业中层以上管理者的问卷472份以及来自政府公务员的问卷190份。中国证券监管者的基本情况统计如表4-1所示，一般人群的基本情况统计如表5-1所示，对于样本中数据缺失的处理，本章以均值插补的方式予以替代。

表5-1　　一般人群的基本情况统计

		整体	在校本科生	在校研究生	企业员工	企业管理者	公务员
性别	男	43.70%	25.62%	29.24%	47.47%	62.08%	59.47%
	女	56.30%	74.38%	70.76%	52.53%	37.92%	40.53%
学历	本科以下	7.49%	0%	0%	3.80%	23.73%	9.47%
	本科	55.80%	100%	0%	67.42%	67.09%	50.53%
	硕士	33.77%	0%	90.89%	28.78%	6.78%	35.79%
	博士	2.94%	0%	9.11%	0%	1.48%	4.21%
年龄	30岁以下	53.06%	100%	97.46%	26.16%	14.19%	15.79%
	30～40岁	26.53%	0%	2.54%	47.68%	36.02%	61.05%
	40～50岁	14.94%	0%	0%	20.46%	34.75%	17.89%
	50～60岁	5.47%	0%	0%	5.70%	15.04%	5.26%

由表5-1的数据统计结果可以看出，调查样本覆盖范围较广，包含各个身份特征、年龄段、学历层次的人群。因此采用此数据进行研究，符合研究要求，可以得到准确的研究结果，具有代表意义。

5.3 实证结果及讨论

5.3.1 基于一般人群的非理性行为局部关联特征

针对收集的研究数据，本章采用ϕ相关系数来对不同非理性行为之间的相关性进行衡量。ϕ相关系数是统计两个非参数变量之间相关性的指标，适合变量均为二分变量的情况。在本章的研究中，对于五个非理性行为变量的测量均符合0-1二项分布，因而符合ϕ相关分析的条件。此外，为确定合取谬误、过度自信、确定性效应、反射效应和后悔厌恶之间的相关关系是否显著，本章将通过卡方检验来比较不同变量之间的独立性。基于上述数据处理思路，运用

SPSS19.0 首先对大样本的数据（N = 1 975）进行分析，所得出的五个非理性行为之间的 ϕ 相关系数以及卡方检验结果如表 5 – 2 所示。

表 5 – 2　基于一般人群非理性行为的相关性检验结果（N = 1975）

行为特征	合取谬误	确定性效应	过度自信	后悔厌恶	反射效应
合取谬误	1	—	—	—	—
确定性效应	0.070***	1	—	—	—
过度自信	0.066**	0.066**	1	—	—
后悔厌恶	0.002	0.001	0.019	1	—
反射效应	0.026	0.046*	0.050*	0.059**	1

由表 5 – 2 的一般人群数据结果可以发现：（1）不同非理性行为之间存在一定的相关性，但相关性普遍较弱，本章认为这一结果具备一定的合理性。一方面，以往研究对于不同非理性行为的解释有很多，按照研究的划分和选择，合取谬误、过度自信、确定性效应、反射效应和后悔厌恶五个非理性行为又分别与启发式思考理论、过度自信理论、前景理论和后悔理论相关，因此在定义和解释上存在一定的边界，这也导致了这五个非理性行为之间不会具有太高的相关关系。另一方面，本章收集的大样本数据包含了具有不同人口特征的群体，而不同人群在非理性行为的表现上也势必存在一定的差异，因此综合后会进一步降低非理性行为之间的相关关系。总之，较低的相关关系表明人们在合取谬误、过度自信、确定性效应、反射效应和后悔厌恶五个非理性行为上的表现具备一定的独立性。（2）虽然相关关系较低，但卡方检验结果却表明大部分非理性行为之间的相关性十分显著，说明非理性行为并不完全是相互独立的。例如，合取谬误与确定性效应、过度自信之间就存在极其显著的弱相关性，其显著性水平 P 分别为 0.001 和 0.002，远低于 0.01 的显著检验标准，说明三者之间的相关关系是不能被忽略的。此外，确定性效应与过度自信、确定性效应与反射效应、过度自信与反射效应、后悔厌恶与反射效应都被证明所存在的弱相关性是显著且不能被忽略的，这表明人们在不同非理性行为方面的表现是存在规律的。进一步的观察也可以发现这一规律并不仅限于两两非理性行为之间，例如，合取谬误、确定性效应和过度自信三个非理性行为互相之间都存在显著的相关性，并构成了几何上的三角关系，这也意味着其背后的心理认知规律是稳定的。

为形象展现这五种非理性行为之间的关联关系，本章对相关检验结果进行了处理并用关联图将合取谬误、过度自信、确定性效应、反射效应和后悔厌恶五个非理性行为之间的关系予以整体呈现。具体处理的过程包括三步：首先，将合取谬误、过度自信、确定性效应、反射效应和后悔厌恶五个非理性行为视为平面几何上的五个点。其次，将相关关系的大小值作为描绘点与点之间距离的依据。由于在相关分析结果中，相关系数越高意味变量之间关系越紧密，因此用相关系数的倒数作为几何图形中点与点之间的距离。最后，通过点与点之间的距离依次绘出不同点的位置。以上处理步骤通过绘图软件 GeoGebra 完成，最终结果如图 5-2 所示。

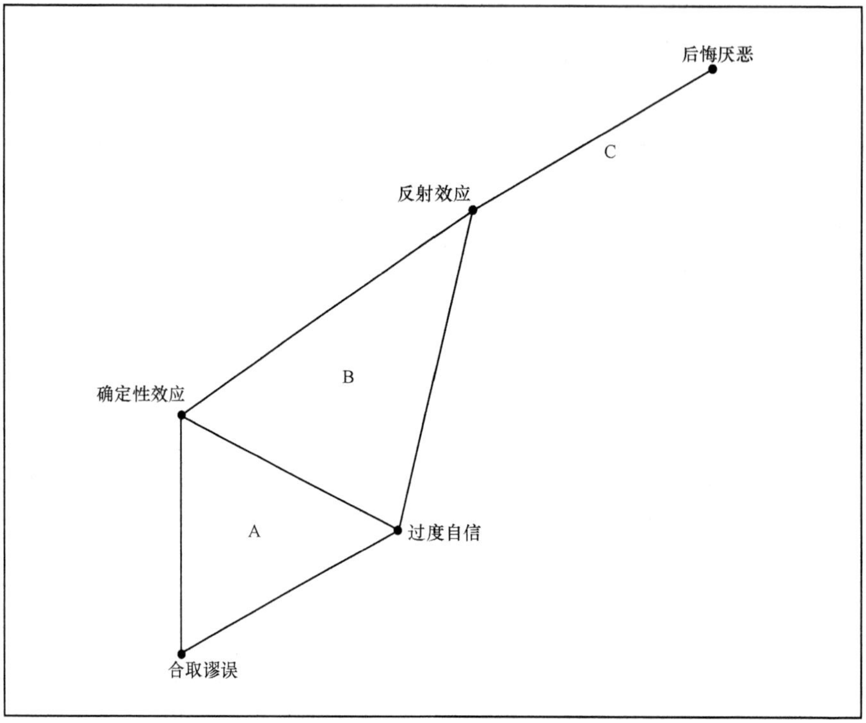

图 5-2　基于相关系数结果的一般人群非理性行为局部关联图

注：图中变量的位置根据相关系数结果进行确定和绘制，变量之间如果不相互独立，则用线段连接。下同。

由图 5-2 可以看出，合取谬误、过度自信、确定性效应、反射效应和后悔厌恶五种非理性行为之间关联性的组合存在三个明显的特征：

第一，确定性效应、过度自信和合取谬误共同构成了集群 A，并且之间的关联距离也都很短，说明这三个非理性行为是相互紧密联系在一起的。由上文的文献回顾可以知道，合取谬误的特征是以“以偏概全”的方式对信息进行判断，过度自信的特征是认为自己所掌握的信息要远好于实际情况而忽略自我知识的限制，确定性效应的特征是加大对被认为是确定性结果的选择权重。在以往研究中，也有研究者探讨过这三个非理性行为之间的两两关系，例如，Heller

（2010）的研究就认为，在委托—代理模型中，委托人由于风险厌恶而倾向雇用过度自信的代理人，因为过度自信满足了包括确定性效应在内的实验典型事实。此外，Brandstatter、Gigerenzer 和 Hetwig（2006）的研究指出，以往研究者为解释期望效用理论的缺陷而构造了一个从推理到偏好的快速和节俭的启发式的框架，因此，作者用占优启发式来验证其是否可以预测并解释阿莱悖论、确定性效应、损失厌恶等一系列非理性行为的发生，并进而总结出人们是由于启发式思考而导致了决策制定中缺乏权衡，而这也是损失厌恶、确定性效应产生的原因。Blanton 等（2001）的研究认为，人们难以从启发式判断中区别出理性推断进而导致过度自信，而过度自信减少了认知上的不一致。结合上述研究和本书的研究结果可以发现，确定性效应、过度自信和合取谬误之间有一定的共同特征。一方面，这三个非理性行为共同体现了人们对于确定性状态的追求。由上文的文献回顾可知，合取谬误和过度自信都是力图简化认知过程以降低外部环境的不确定性，同时，确定性效应也意为人们倾向于在收益状态下立即实现收益以规避风险。显然，对于确定性的寻求都是这三个非理性行为的共同点。另一方面，产生这三个非理性行为的情境都是行为主体常见和熟悉的情境。由上文的文献回顾知道，人们在面对类似和熟悉情境时的判断是快速而节俭的，尤其是面对一些常见情境的决策，行为主体对于自身的经验、习惯、信念等通常具备很强的依赖性。例如，在狼来了的故事中，当放牛娃多次以“狼来了”来取闹农夫后，农夫就会形成“狼没来”的常态化认知，所以当狼真正来的时候也不会采取行动。分析后也可以发现，合取谬误、确定性效应、过度自信都与人们熟悉的常态情境下的决策相关。

除了上述共同特征，合取谬误、确定性效应、过度自信之间也存在一定的区别。一方面，这三种非理性行为虽然是对确定性状态的追求，但追求的方式存在不同。其中，确定性效应是规避风险，合取谬误和过度自信则是简化情境。另一方面，合取谬误与行为主体在长期社会生活中所形成的经验有关，而这些经验影响通常是潜在的和内隐的，行为主体不需要付出过多有意识的努力。确定性效应也具备与合取谬误类似的特征，因为收益所带来的积极情绪会促使行为主体以启发式的方式处理信息（Clore、Wyer 和 Dienes，2001）。与合取谬误和确定性效应相比，过度自信与行为主体的信念依赖有关，而信念依赖的影响并不完全是内隐的，因为行为主体经常需要为维护自己的信念而付出有意识的努力。

第二，确定性效应、过度自信和反射效应共同构成了集群 B，但反射效应与其他两个非理性行为之间的关联距离要较长，说明这三个非理性行为虽然具有一定的关联，但关联的紧密程度远不如集群 A。Resumo（2010）曾对过度自信、确定性效应和损失厌恶之间的关系进行过探讨。他向 201 名克鲁塞罗当地市民发放调查问卷，分析回收的问卷后发现，在收益情况下，过度自信更容易出现并显著受到确定性效应的影响；但在损失情况下，过度自信的出现则未受到太大的影响，受损失厌恶的影响也不如确定性效应显著。本节的研究也支持了这一结论，说明确定性效应、过度自信和反射效应之间确实存在一定的共同特征。实际上，相比于集群 A，集群 B 的主要特征在于缺少了合取谬误而增加了反射效应，而合取谬误和反射效应的区别就在于认知敏感性的不同。由上文的回顾可知，人们在合取谬误下的认知是便捷而节俭的，不需要花费太多的有意识努力，也不会引起认知上的不适感。但相比之下，人们对于损失却是十分敏感的，因为损失的痛苦要比相同收益所带来的愉悦感高两倍，而这也引起了人们认知上强烈的不适感。进一步而言，对于损失的敏感源于人类在进化过程中形成的特殊认知机制，即力图对那些危及生存的非常态因素保持警觉，因此，这也就使反射效应下的认知明显区别于合取谬误下的认知。此外，集群 B 的另一个特征是同样包含了确定性效应和过度自信，但显然，在集群 B 中，确定性效应和过度自信所体现的共同特征与在集群 A 中是有一定区别的。在前景理论中，确定性效应和反射效应被认为分别代表了个体在收益状态和损失状态下的行为特征，并且这两种行为特征如同镜面反射一般明显不同，其中，确定性效应表现为收益状态下的风险规避，反射效应则表现为损失状态下的风险寻求。因此，损益状态下决策行为的不同也构成了前景理论的基础。然而，由集群 B 可以发现，损失和收益下的行为特征并不是完全不同的，其中也存在着一定的共性。一方面，在确定性效应中，人们对于确定收益的偏爱是与对潜在损失的厌恶相关的。在 Kahneman 和 Tversky（1979）的实验中，被试者所面临的风险选项中包括 50%的概率一无所获，这相对于确定收益是明显的损失，而损失厌恶告诉我们，人们对这一潜在损失也是敏感的，因此倾向选择确定收益选项。另一方面，在反射效应中，人们对于损失的厌恶和对潜在收益的偏爱也是相关的。同样，在 Kahneman 和 Tversky（1979）的实验中，被试者所面临的风险选项中包括了 20%的概率一无所失，这相对于确定损失是明显的收益，再加上损失的敏感性，人们就会倾向选择“赌一把”，至少能确定不会立刻遭受损失。因此，损失状态下的风险寻求也包含了人们主动应对外在复杂环境的努力，只是这一努力是以忍受外在环境的不确定性为代价的，并且需要依赖信念的协助以降低认知的不适感。

第三，反射效应和后悔厌恶构成了联系 C，并在距离上远离其他三个非理性行为，说明二者之间的共同特征明显区别于其他非理性行为。由上文的文献回顾可知，损失与后悔都会导致行为主体情绪上的变化，并进而影响行为主体的决策。因此，从概念和含义上来看，损失与后悔之间的联系和区别也是十分明显的。一方面，损失厌恶和后悔厌恶都与非常态情境下的决策行为相关。由上文的文献回顾已经知道，人们对于损失是更敏感的，因为相比损失，收益是更符合认知常态的状态。同样，后悔也是人们为替代现实的可用性所引发的反事实情绪（Kahneman，2011），说明人们在后悔下的认知和行为通常和自己所熟悉的情境状态时不一样。另一方面，损失和后悔引起的情绪都是消极的。其中，损失引起的情绪多为失望、沮丧之类的消极情绪，而后悔也是关于决策本可以有更好结果的一种消极情绪。不过，相比损失带来的消极情绪，后悔情绪的消极性并不强，Saffrey、Summerville 和 Roese（2008）的研究就指出，人们对后悔情绪的评价要比对其他 12 种消极情绪的评价更积极，认为后悔会带来一些积极的结果，比如让过去的经历变得更有意义、促进了正确的行为、促进了回避行为、洞察自我和保持社会和谐等。在以往研究中，研究者普遍认为消极情绪和积极情绪会导致不同的信息加工方式，其中，积极情绪与启发式的加工方式相关，而消极情绪则与精细式的加工方式相关（Clore、Wyer 和 Dienes，2001）。因此，在损失状态下，行为主体由于消极情绪的影响而更可能有意识地采取一些行为进行应对，但在后悔状态下，行为主体的有意识程度可能并不如损失状态下那么明显。

上述基于合取谬误、确定性效应、过度自信、反射效应和后悔厌恶五种非理性行为之间相关性的分析和讨论表明，不同非理性因素对于行为主体的影响确实不是完全独立的，既相互区别，又相互联系。为了进一步挖掘非理性行为的规律性特征，将尝试采用层次聚类（Hierarchical Clustering）的方法继续进行研究。层次聚类是对给定的数据进行层次分解，直到满足某种条件为止的数据分析方法，力图发现不同变量的类别特征。本章所要采用的是凝聚的层次聚类，按照不同非理性行为之间的相关系数进行层次凝聚，直到所有的变量都在一个簇中，最终形成的系统树图如图 5-3 所示。

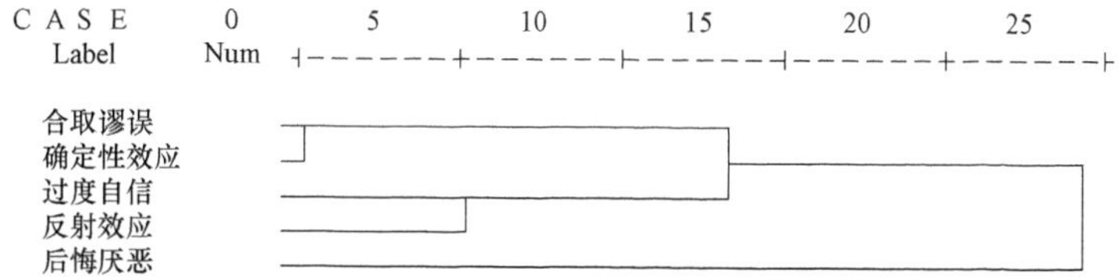

图 5-3　五种非理性行为的系统树图（一般人群）

由图 5-3 可以看出，合取谬误、过度自信、确定性效应、反射效应和后悔厌恶可以被分为大的两类。第一类包括反射效应和后悔厌恶，说明这两种非理性行为具有更高的相似性特征。结合上文的局部关联性分析可以发现，这一类非理性行为的共性在于所涉及的决策情境对于行为主体的认知来说都是低常态的。第二类包括合取谬误、确定性效应和过度自信三种非理性行为，说明这三种非理性行为之间也具有很高的相似性特征。同样结合上文的分析可以看出，这一类非理性行为的共性在于所涉及的决策情境对于行为主体来说都是高常态的。如果继续对这五种非理性行为进行细分，可以得出三类结果，其中，反射效应和后悔厌恶构成了一类非理性行为，合取谬误和确定性效应构成了一类非理性行为，过度自信则单独构成了一类非理性行为。结合前文的分析可以知道，反射效应和后悔厌恶都是主体在消极情绪影响下的非理性行为，合取谬误和确定性效应与行为主体的启发式思考直接相关，过度自信则与行为主体的信念依赖有关。进一步而言，行为主体在启发式思考下的认知通常具有很高的内隐性，不需要付出更多的有意识努力，但在消极情绪、信念影响下的认知内隐性并不高，行为主体需要有意识地去应对这些情况。

5.3.2 情境潜意识模型

基于前文对一般人群研究所得出的结果，有理由相信，合取谬误、过度自信、确定性效应、反射效应和后悔厌恶五种非理性行为实质上可以通过更高层次的概念维度予以区分和联系。事实上，基于理性主义和非理性主义的核心观点可以发现，理性与人类社会中逐步形成的秩序和行为规则密切相关，就像传统金融研究中所假设的期望效用最大化原则一样，人们通过有意识的学习和遵守这些秩序和规则以更好地应对外部环境的不确定性。相比之下，非理性则包含了那些不能由逻辑概念所表达的内容，例如行为金融研究中涉及的后悔厌恶、过度自信等内容，人们极少会意识到这些因素的存在，并且也难以被理性加以解释和检验。关于理性与非理性关系的讨论，现代心理学的研究普遍认为理性难以解释人类的无意识或潜意识活动，而非理性则可能直接影响着人类的意识活动。道德心理学的创始人乔纳森 • 海特（Jonathan Haidt）就指出，人们在生活中会对很多问题绞尽脑汁的进行推理，但推理的目的不是为了探索真理，而是为了找理由支持他们的情感反应，并且只有当情绪的大脑运作顺畅时，理性才得以运转。丹尼尔 • 卡尼曼（Daniel Kahneman）在对个体决策的研究中将个体的思考过程分为了系统 1 和系统 2，系统 1 的运行是无意识且快速的，不太费脑力，没有意识，完全处于自主控制状态。系统 2 的运行通常是有意识且缓慢的，与选择和专注等主观体验相关联。在卡尼曼的研究中，以非理性为代表的系统 1 被认为是系统 2 中各种理性思考的主要来源。通过对理性和非理性内涵和特征的对比可以发现，非理性和理性一样，都是人类应对外部复杂环境的主要手段，但不同的是，非理性并不遵循特定的知识与规则，并且包含了更多无意识或潜意识活动的内容，由此可以看出，非理性行为的产生与外在情境和内在心灵两者的特征有着直接的联系。

人们在现实中所感知的世界是一个以自身为圆心所构建的世界，感觉系统无时无刻地向大脑传递着大量的信息，而其中的大部分信息都以潜意识的形式被存储和填补，这就使人们得以毫不费劲地对日常事务进行判断和感知①。然而，潜意识所构造出的世界却并不一定是精确的，它既可能会遗漏真实情境的细节，也可能篡改真实情境的特征，这也是非理性行为产生的基础。实际上，本章选取的五个非理性行为都与人们的潜意识认识相关，并且代表着人们在不同情境下的认知特点。依据情境认知理论的观点，人类的认知特征与所处的情境特征也有着密切的关系，对于人类认知的研究不能脱离情境而被孤立看待②。研究发现，情境的常态性和认知的内隐性两个维度是足以对众多非理性行为特征进行描绘的。在进一步的理论模型构建中，本章认为有必要将情境的常态性与潜意识的内隐性作为区分不同非理性行为特征的两个重要维度而加以讨论，并将所形成的研究成果命名为情境潜意识模型。

1. 情境常态性

心理学研究中的情境认知理论指出，个体的心理通常是在情境中进行活动的，而产生的行为也极大地依赖当时的具体环境，所以对非理性行为的研究不能脱离情境而孤立看待。实际上，行为金融研究所提出的大量非理性行为针对的也都是人们在不确定或风险情境下的决策行为特征，这些情境虽各不相同，但都有可遵循的知识和原则作为理性决策的标准，而之所以没有遵循这些理性原则，主要在于所处的具体情境诱发了行为主体的无意识系统。进一步而言，行为主体对不同情境的反应存在很大的不同，就像 Kahneman 和 Tversky（1979）提到的，人们在损失情境下的反应要比收益情境下的反应更敏感，而从进化论角度来讲，这主要源自人类为适应生存环境所具备的自我调整的能力，因为相比错过收益，如果有人对于损失的警惕性不高，他的基因很快就会遭到淘汰。海特（2006）的研究也强调，人们的行为受到趋近系统和逃避系统的控制，前者让人想接近和控制特定事物，后者则让人想避开特定事物，这两个系统随时处于待命的状态，不断监视着周围的环境并决定接下来的行为。

基于以上论断，情境潜意识模型的一个基础假设就是，非理性行为与人们在决策时所处的情境常态性有着直接的联系。具体而言，当面对熟悉的情境时，个体的认知不适感和警惕性就越低，行为也就越容易受到趋近系统的控制，相反，当面对陌生的情境时，人的认知不适感和警惕性就越高，行为也就越容易受到逃避系统的控制。

---

① 列纳德·蒙洛迪．Subliminal：How Your Unconscious Mind Rules Your Behavior［M］．北京：中国青年出版社，2013.

② 孟伟．身体、情境与认知：涉身认知及其哲学探索［M］．北京：中国社会科学出版社，2015.

2. 潜意识内隐性

意识与潜意识是人类精神活动的两个重要方面，也是理性和非理性行为的主要来源。在现实中，人们感知的世界是一个以自身为圆心构建的世界，感觉系统无时无刻地向大脑传递着大量的信息，而其中的大部分信息都以潜意识的形式被存储和填补，这就使人们得以毫不费劲地对日常事务进行判断和认知。然而，由潜意识构造出的世界并不一定是精确的，它既可能遗漏真实情境的细节，也可能对真实情境进行篡改，而与理性原则的背离则最终导致一系列非理性行为。进一步而言，人的行为是无数感知、感觉和想法在意识和潜意识层面汇聚的结果，与意识活动不同，潜意识活动更为自发和内隐。在以弗洛伊德和荣格为代表的早期精神分析学研究中，潜意识主要包括有关原始欲望、本能和冲动的内容，不过随着社会心理学和认知心理学的发展，包括习俗、传统、文化和经验这样的社会因素也被纳入潜意识的内涵，例如，Greenward 和 Banaji（1995）根据人们在信息加工和处理过程中的意识和潜意识性，将社会认知分为外显和内隐两种，其中，内隐社会认知意为个体虽不能意识到某一经验，但这一经验却潜在地对个体的行为和判断产生影响。潜意识的不同因素对于个体行为的影响虽然是内隐的，但内隐性的程度可能存在明显不同。例如，人们在决策中虽难以意识到后悔的影响，但后悔情绪却经常促使人们有意识地寻找很多无关的理由和知识来支持自己的判断和选择（Reb，2008），相比之下，在启发式思考的影响下，人们所采取的行为通常更为无意识，就像面对类似 $2\times2=4$ 这样问题时的反应一样，没有任何推理和计算的过程。

基于以上论断，情境潜意识模型的另一个基础假设就是，非理性行为的产生与潜意识因素有着直接的联系，而由潜意识因素所导致的非理性行为在内隐性方面存在明显差异。具体而言，当潜意识因素的内隐性更高时，个体所采取的意识性行为就越少；而当潜意识因素的内隐性更低时，个体所采取的意识性行为就越多。结合行为金融的研究也可以发现，利用潜意识内隐性这一维度可以区分出不同类型的非理性行为，例如合取谬误、赌徒谬论、易得启发式偏差等非理性行为就具有较高的潜意识内隐性，而包括后悔厌恶、证实性偏差、损失厌恶等在内的非理性行为则具有明显较低的潜意识内隐性。

3. 四种情境潜意识类型

情境潜意识模型的核心观点就是非理性行为是潜意识与情境共同作用的结果，而以情境常态性（高 vs 低）和潜意识内隐性（高 vs 低）作为维度可以较好地描述和分辨不同非理性行为的特征。基于此，本章按照常态性和内隐性两个维度对图 5－2 进行重新绘制，结果如图 5－4 所示。

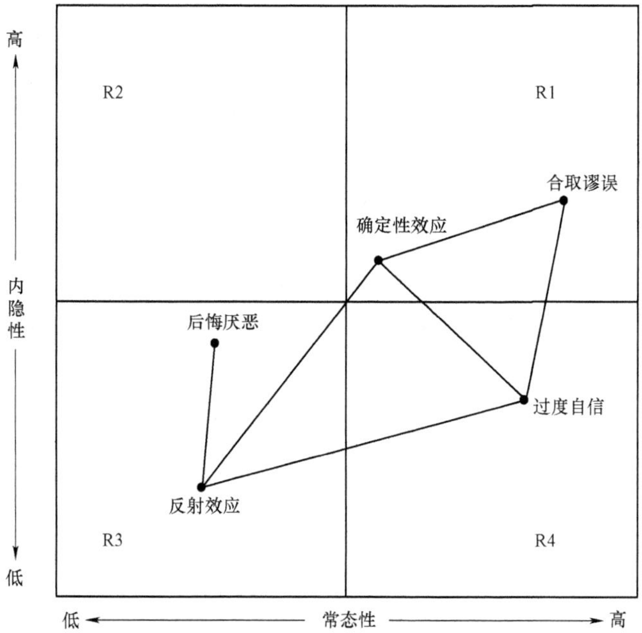

图 5-4　一般人群的非理性行为模式图

由图 5-4 可以看出，五种非理性行为依照常态性（高 vs 低）和内隐性（高 vs 低）分为四类：人们在高常态高内隐（R1）状态下习惯依赖于启发式思考进行决策，表现为对决策情境进行无意识控制，但由于忽略情境的非常态特征而导致合取谬误和确定性效应；人们在低常态低内隐（R3）状态下则容易受到消极情绪的驱使进行决策，表现为对决策情境进行有意识的摆脱，有可能由于过分强调情境的非常态特征而导致反射效应；人们在低常态高内隐（R2）状态下容易受到积极情绪的影响，表现为对决策情境进行无意识摆脱，有可能由于忽略情境的常态特征而导致一些非理性行为；人们在高常态低内隐（R4）状态下则容易受到信念的影响，表现为对决策情境进行有意识控制，有可能由于过分强调情境的常态特征而导致过度自信。图 5-4 也清晰地展现了积极情绪、消极情绪、经验、信念等非理性因素之间的联系，可以看出，不同非理性因素对于行为主体的影响机制虽存在不同，但信念的影响是贯穿于不同的人类活动中的，并与经验、情绪、欲望等非理性因素相融合，共同支配和决定着人们的行为。

5.3.3 中国证券监管者非理性行为的局部关联特征及分析

上述基于一般人群非理性行为关联结果所提出的情境潜意识模型为理解不同非理性行为的一般性规律提供了新的理论基点。所以，可以预期的是，非理性行为对于中国证券监管者的影响会在一定程度上符合一般人群的特征和规律，但同时，由于中国证券监管者具备明显不同于一般人群的身份特征，所表现出的非理性行为在常态性和内隐性方面也势必存在独特性。因此，为了深入发掘符合中国证券监管者人群特征的非理性行为规律，继续采用 ϕ 相关分析对中国证券监管者的后悔厌恶、反射效应、过度自信、确定性效应和合取谬误之间的相关性进行探讨，并通过卡方检验比较不同变量之间的独立性，结果如表 5-3 所示。

表 5-3 基于中国证券监管者的非理性行为相关性检验结果（N = 118）

	合取谬误	确定性效应	过度自信	后悔厌恶	反射效应
合取谬误	1	—	—	—	—
确定性效应	0.178^{*}	1	—	—	—
过度自信	0.314^{***}	0.138^{+}	1	—	—
后悔厌恶	0.107	0.245^{**}	0.049	1	—
反射效应	0.026	0.147^{+}	0.066	0.273^{***}	1

表 5-3 的结果表明，对于中国证券监管者来说，合取谬误、过度自信、确定性效应、反射效应和后悔厌恶五个非理性行为之间同样存在不同程度的相关性。其中，合取谬误与过度自信、后悔厌恶与反射效应、后悔厌恶与确定性效应之间存在极其显著的正相关性（$P<0.01$），合取谬误与确定性效应之间存在非常显著的正相关性（$P<0.05$），反射效应与确定性效应、过度自信与确定性效应之间存在边缘显著的正相关性（$P<0.1$）。与一般人群的数据结果相比，中国证券监管者不同非理性行为之间的局部关联性存在一定的相似之处，例如，合取谬误、确定性效应和过度自信三个非理性行为相互之间依旧存在显著的正相关性，可以构成几何上的三角关系。但同时，也存在不同之处，例如后悔厌恶与确定性效应之间的显著相关关系在一般人群中是没有的。为了进一步形象地展示中国证券监管者非理性行为局部关联性，笔者继续用关联图的形式将合取谬误、过度自信、确定性效应、反射效应和后悔厌恶五个非理性行为之间的关系予以整体呈现，结果如图 5-5 所示。

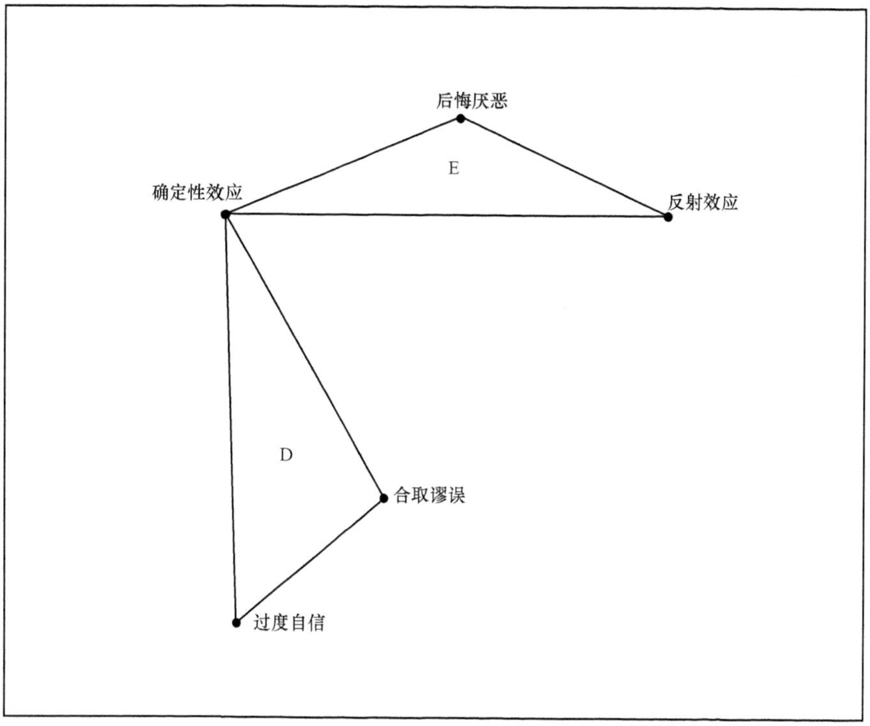

图 5-5　基于相关系数结果的中国证券监管者非理性行为局部关联图

由图 5-5 可以看出，中国证券监管者所表现出的合取谬误、过度自信、确定性效应、反射效应和后悔厌恶从关联性角度来说存在三个明显的特征。

第一，确定性效应、过度自信和合取谬误共同构成了集群 D，说明对中国证券监管者而言，这三个非理性行为是相互联系的。在一般人群的研究中，确定性效应、过度自信和合取谬误共同构成了一个集群 A，而进一步的分析发现，这三个非理性行为的共性在于都是主体在常态情境下的决策行为，显然，这一结论对于中国证券监管者依旧适用。此外，需要注意的是，在集群 D 中，过度自信与合取谬误之间的关系要更为紧密，但与确定性效应之间的关联距离较远，而在集群 A 中，这三个非理性行为之间的关联距离并没有明显差距。

第二，确定性效应、反射效应和后悔厌恶共同构成了集群 E，说明对中国证券监管者而言，这三个非理性行为是相互联系的。在一般人群的研究结果中，确定性效应与反射效应、反射效应与后悔厌恶之间是存在显著关联性的，而集群 E 也体现了这一特征。但同时，中国证券监管者在确定性效应和后悔厌恶表现之间的正相关性具有人群特殊性，因为这一相关特征并未表现在一般人群中。

第三，确定性效应是连接集群 D 和集群 E 的关键点。在一般人群的非理性行为局部关联性中也包括两个集群 A 和集群 B，而确定性效应和过度自信共同构成连接集群 A 和集群 B 的关键，但在中国证券监管者的非理性行为局部关联性研究中，只有确定性效应是新集群 D 和集群 E 连接的关键，而过度自信不再和反射效应之间存在相关性。

为进一步挖掘中国证券监管者非理性行为的类别特征，将继续采用层次聚类的方法进行研究，所形成的系统树图如图 5－6 所示。

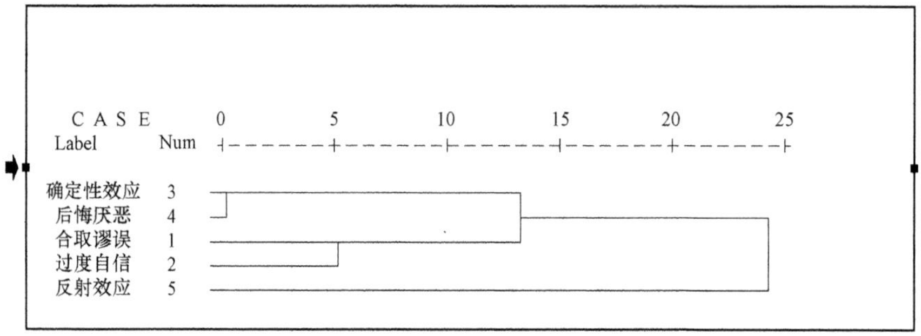

图 5－6　五种非理性行为的系统树图（中国证券监管者）

由图 5－6 可以看出，合取谬误、过度自信、确定性效应、反射效应和后悔厌恶同样可以被分为两大类，即反射效应类和非反射效应类。如果进一步细分，这五种非理性行为可以被分为三类：第一类包括确定性效应和后悔厌恶，说明这两种非理性行为具有更高的相似性特征；第二类包括合取谬误和过度自信，说明这两种非理性行为之间也具有很高的相似性特征；第三类包括反射效应，说明反射效应与其他两类非理性行为存在明显的不同。结合一般人群的研究结论发现，反射效应也是明显区别于其他类别的非理性行为，说明对于中国证券监管者而言，反射效应符合低常态低内隐下的非理性行为模式。

为进一步揭示中国证券监管者在不同非理性因素影响下的行为规律，本章将基于情境潜意识模型的分析框架，继续引入常态性和内隐性两个维度对合取谬误、过度自信、确定性效应、反射效应和后悔厌恶的特征进行判别，结果如图 5－7 所示。

由图 5－7 可以看出，对于中国证券监管者而言，反射效应符合低常态低内隐的非理性行为模式，后悔厌恶和确定性效应符合低常态高内隐的非理性行为模式，合取谬误和过度自信符合高常态高内隐的非理性行为模式。由上述研究结果可以看出，中国证券监管者和一般人群的非理性行为特征存在一定的相似之处，主要表现为以下四点。

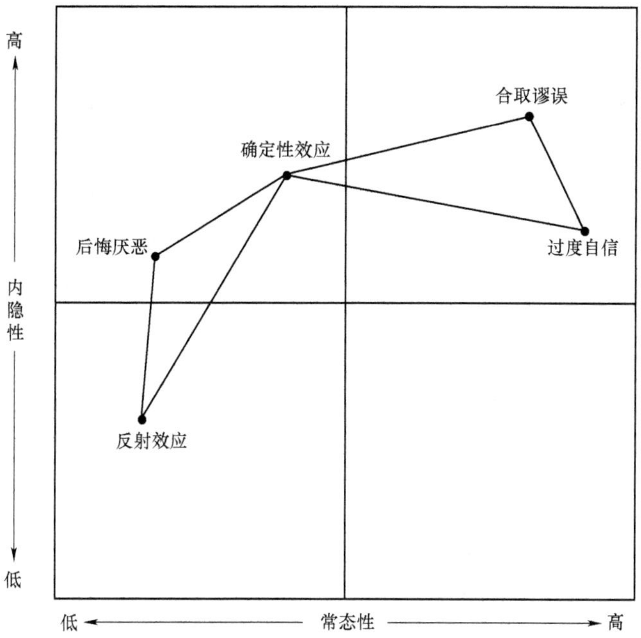

图 5-7　中国证券监管者的非理性行为模式图

第一，合取谬误和过度自信依然是行为主体在应对常态决策情境时所出现的偏差，受到经验和信念的共同影响。

第二，反射效应和后悔厌恶依然是行为主体在应对低常态决策情境时所出现的偏差，主要受到消极情绪的影响。

第三，确定性效应和合取谬误依然是行为主体在高内隐认知下的偏差，此类偏差的产生通常还是无意识的。

第四，反射效应依然是行为主体在低内隐认知下的偏差，常采取有意识的努力以规避损失带来的痛苦。

除了上述相同点，中国证券监管者与一般人群非理性行为特征也存在着三点明显的不同。

第一，过度自信是中国证券监管者在高内隐认知下的偏差，说明信念对于中国证券监管者的影响通常是无意识的，监管者也较少付出有意识的努力以维护信念。相比之下，信念对于一般人群的影响更多的是以意识的形式出现，所以，对于一般人群而言，信念的影响更为广泛，能够与经验、情绪、习惯等多个非理性因素相结合共同影响主体的行为。

第二，中国证券监管者在后悔影响下的认知内隐性程度要高于一般人群。这表明，后悔引起的情绪对于中国证券监管者而言可能是更为积极的，会刺激一定的启发式思考以摆脱后悔的影响。

第三，确定性效应是中国证券监管者在应对低常态决策情境时所出现的偏差，说明中国证券监管者在收益所带来的积极情绪的影响下对低常态问题进行了常态化的处理，这一点也明显区别于一般人群。

上述研究发现表明，非理性因素对中国证券监管者决策行为的影响确实存在一定的内在规律，这一规律既具有一定的普遍性，也体现出一定的人群特殊性，对于帮助我们理解前文的一些研究发现有着重要的理论意义。在第 4 章的研究中，中国证券监管者在由信念依赖所导致的非理性行为上的表现明显区别于证券市场投资者，表现出显著更高的决策理性。本章的研究发现，造成这一结果的原因在于信念对于中国证券监管者的行为影响是内隐的，这意味着在实际的监管决策中，中国证券监管者更可能对自己熟悉、经常发生的问题有着更高的过度自信，因为信念已经与启发式思考高度融合。而一旦遇到那些启发式思考所不能解决的非常态问题时，由于缺少信念的有意识支持，监管者通常是不自信的，这也就导致了中国证券监管者的整体过度自信水平低于机构投资者和散户投资者。此外，第 4 章的研究还发现中国证券监管者中受后悔影响而产生非理性行为的人群比例虽低于散户投资者和机构投资者中受影响的比例，但之间的差异并不显著。然而，本章的研究发现，后悔对于中国证券监管者和一般人群的行为影响是存在一定差异的。实际上，在以往研究中，后悔一直被视为是一种由认知诱发的高级社会情绪，但关于后悔情绪是一种消极情绪还是积极情绪的讨论一直未得出一个明确的答案。不过，可以肯定的是，人们在后悔情境下的决策判断通常是反事实和反常态的。例如，我们会因为未见亲人最后一面而后悔当初的疏忽，会因为北京房价不断上涨而后悔当初不在北京买房，会因为担心帮助一个假乞丐会让自己后悔而选择对所有乞丐视而不见，甚至会因为害怕心爱之人的拒绝而选择不断的等待和错过。诸如此类后悔的例子不胜枚举，但目的都是试图让自己摆脱不能控制的现实情境，以至于会否认或忽视最初选择时情境的常态性特征。在本章的研究中，一般人群的后悔厌恶只与损失厌恶有着显著的相关性，而中国证券监管者的后悔厌恶却与损失厌恶和确定性效应同时存在显著的正相关性，这就表明中国证券监管者在后悔厌恶下的认知与在确定性效应下的认知有着相同之处。由前文的研究可知，确定性效应是主体在收益状态下的一种非理性行为，而收益通常会引起积极的情绪（例如高兴、愉悦等）。所以本章认为，对于中国证券监管者而言，后悔引起的情绪可能包含更多积极的内容，驱使他们采用启发式的信息加工方式来摆脱后悔的影响。相比之下，对于一般人群而言，后悔引起的情绪可能是消极的，因而刺激他们采用精细式的信息加工方式来摆脱后悔的影响。

此外，第 3 章的研究归纳并总结了过度式监管、松懈式监管、选择式监管、失时式监管、盲目式监管、非协调式监管、不透明式监管、教条式监管和随意式监管九种监管行为特征，并且认为非理性因素在其中扮演着重要的角色。结合本章的研究，同样可以依据情境常态性和认知内隐性两个维度对这些监管行为特征进行区分以理解其内在心理机制。从情境的常态性来看，产生过度式监管、教条式监管和不透明监管的情境有着较高的常态性特征，都是中国证券监管者在面对熟悉和经常性问题时更容易出现的监管行为特征。相比之下，产生松懈式监管、失时式监管、选择式监管、盲目式监管、非协调式监管和随意式监管的情境则有着相对较低的常态性特征，在此类情境中，中国证券监管者面对的通常也都是新出现的或不熟悉的问题，抑或是与过去经验相悖的问题。从认知的内隐性来看，导致中国证券监管者产生过度式监管、不透明式监管、失时式监管和选择性监管的非理性因素都具有较高的认知内隐性特征，所以这些监管行为更可能是中国证券监管者无意识的结果。相比之下，产生盲目式监管、松懈式监管和非协调式监管的非理性因素有着较低的认知内隐性，通常会刺激中国证券监管者的意识并采取行为以应对情境问题。由上述分析可以发现，过度式监管、教条式监管和不透明式监管同时符合高常态高内隐下的非理性行为模式，主要受经验和信念的影响，并通过启发式思考启动；盲目式监管、松懈式监管和非协调式监管则符合低常态低内隐下的非理性行为模式，主要受消极情绪的影响；失时式监管和选择式监管则符合低常态高内隐下的非理性行为模式，主要受积极情绪的影响，并通过启发式思考启动。

针对中国证券监管者与一般人群在非理性行为模式上存在的不同，本书认为这主要与中国证券监管者的人群特征相关。具体而言，中国证券监管者的一个主要特征就是他们是体制内的公务人员，激励不足但又面临巨大的工作压力。中国证券监管者在证券市场中发挥着重要的作用，其所从事的监管工作也关乎众多人、众多组织的切身利益，所以在决策判断时不得不小心翼翼，通常以少犯错为决策判断前提，因为犯错的成本对于体制内的公务员来说是巨大的，不仅会招致各方的批评，其职位和名誉也可能会受到损失。因此，对于中国证券监管者而言，并不存在践行和实现自己信念的强烈动机，因为付出努力去坚持信念反而会增加犯错的概率。为了减少错误，规避后悔和责任，中国证券监管者更倾向以墨守成规的方式对待和处理市场问题，力图以确定的方式来解决不确定的问题。

5.4 本章小结

长期以来，行为金融学的研究主要通过描述和证实人们在经济决策中存在的非理性行为以对大量金融市场异象进行解释，但由于尚未形成一个统一的非理性问题分析框架，因此目前形成的行为金融理论无论是解释的范围还是解释的有效性都存在局限，尤其是难以解释不同非理性行为之间的关联规律。基于此，本章的研究主要通过对非理性行为的局部关联性进行分析以探讨一般人群和中国证券监管者的非理性行为的特征与规律。结果发现，对于一般人群而言：（1）合取谬误、过度自信和确定性效应两两之间存在相关性；（2）反射效应、过度自信和确定性效应两两之间存在相关性；（3）后悔厌恶与反射效应之间存在相关性。对于中国证券监管者来说：（1）合取谬误、过度自信和确定性效应两两之间存在相关性；（2）后悔厌恶、反射效应和确定性效应两两之间存在相关性。分层聚类分析发现，对于一般人群而言，反射效应和后悔厌恶构成了一类非理性行为，合取谬误和确定性效应构成了一类非理性行为，过度自信单独构成了一类非理性行为。对于中国证券监管者而言，确定性效应和后悔厌恶构成了一类非理性行为，合取谬误和过度自信构成了一类非理性行为，反射效应则单独构成了一类非理性行为。

基于研究发现，本章创新性地提出了一个适用于不同非理性行为特征分析的研究模型，即情境潜意识模型，并对前景理论、后悔理论、过度自信理论和启发式思考理论四个经典的行为金融理论的核心假设进行了分析和整合。总体来看，本章形成了关于情境潜意识模型的三个较为初步的研究结论。第一，情境潜意识模型的基础假设。情境潜意识模型的目的是描述不同非理性行为的特征以解释和预测不同非理性行为之间的关联规律，因此，情境潜意识模型依旧以“非理性人”作为假设基础，并基于现代心理学关于理性与非理性区别的讨论成果，认为是潜意识因素与情境因素的特征共同决定了非理性行为的特征。第二，情境潜意识模型的两个维度，即情境的常态性与潜意识的内隐性。情境常态性与不同的人类认知系统相联系，当情境的常态性越高时，人们的行为就越容易受到趋近系统的控制而倾向对情境进行控制；当情境的常态性越低时，人们的行为就越容易受到逃避系统的控制而倾向对情境进行摆脱。潜意识内隐性与不同潜意识因素对行为影响的特征相关，潜意识内隐性越高就表明由潜意识因素所导致的意识性行为就越少，而潜意识内隐性越低则表明由潜意识因素所导致的意识性行为就越多。第三，四种情境潜意识类型及推论。四种情境潜意识类型在情境常态性和潜意识内隐性两个维度上具有不同的特征，这也构成了不同非理性行为之间关联规律的内在基础。

对于一般人群来说，合取谬误和确定性效应符合高常态高内隐特征下的非理性行为模式，过度自信符合高常态低内隐特征下的非理性行为模式，反射效应和后悔厌恶符合低常态低内隐特征下的非理性行为模式。相比之下，中国证券监管者非理性行为的关联特征存在特殊性，表现为三点：（1）过度自信体现出更高的内隐认知特征；（2）后悔厌恶体现出更高的内隐认知特征；（3）确定性效应体现出更低的情境常态性特征。针对中国证券监管者与一般人群在非理性行为模式上的不同，本章认为这主要与中国证券监管者的人群特征相关，主要表现在监管激励的不足以及犯错成本的高昂。

本章研究所提出的情境潜意识模型对于理解中国证券监管者的非理性行为的特征与规律提供了新的理论基点，对于现实中的监管行为特征也有着较好的解释力。为了进一步验证模型的有效性，第 6 章的研究将引入多维尺度分析的方法，同时观察中国证券监管者的多个非理性行为之间的整体关联性，检验本章所提出的模型是否依旧具有适用性。

第 6 章 中国证券监管者非理性行为的整体关联性研究

6.1 问题提出

第 5 章的研究主要从变量两两之间的关系来探讨中国证券监管者非理性行为的局部关联特征，以相关分析和分层聚类的方法验证和整合了以往研究的碎片化结论，并基于情境认知理论的视角创新性地提出从认知内隐性和情境常态性两个维度来分析不同非理性行为的心理认知规律，得出了一系列有意义的研究结论。但同时，第 5 章的研究也存在一定的局限性，主要表现为只选取了部分典型的非理性行为作为研究变量，而非将更多的非理性行为同时纳入研究范畴，限制了研究结论的有效性。此外，第 5 章所提出的理论模型主要是基于实证结果的归纳分析，需要进一步的验证。上述研究局限主要源于数据分析方法的限制，在以往研究中，相关分析是定量研究中广泛使用的经典数据分析方法，主要描述的是变量两两之间的关系。相关分析的缺陷在于难以在多维空间层面同时描述多个变量之间的关系，虽然可以用相关分析的方法分别得出数十种非理性行为之间的两两关系，但由于空间维度的缺失，空间关联图形的建立是极为困难和复杂的，这也是第 5 章研究只选取部分典型的非理性行为作为研究变量的主要原因之一。针对第 5 章的研究不足，本章的研究将采用多维尺度分析法对数十种理性行为之间的关联关系在多维空间层面予以整体呈现，目的在于：（1）验证第 5 章研究所提出的理论模型是否适用于多个非理性行为的整体关联性分析；（2）进一步探讨和挖掘中国证券监管者的非理性行为特征与规律。

6.2 研究设计

本章的研究中直接采用前文所收集到的 118 份来自中国证券监管者的问卷调查数据，选择的变量除了合取谬误、过度自信、确定性效应、反射效应和后悔厌恶五个已在第 5 章研究过的非理性行为外，还加入了包括心理账户、处置效应、模糊厌恶在内的其他数十种被以往研究者所经常讨论的非理性行为。每一个情境问题的答案都会被转化为二分变量，其中 0 表明被试者在这一情境上并未表现出行为偏差，而 1 则表明被试者表现出行为偏差。

问卷数据的分析将会采用多维尺度分析的方法。多维尺度分析是一种探索性数据分析技术，有助于识别数据之间隐藏的结构关系。多维尺度分析通过将含有多个变量的数据压缩到一个低维空间并形成直观的空间图形，空间图形中的每个点就代表不同的变量，点与点之间的距离则表示变量之间的潜在规律性关系。本章的研究将通过多维尺度分析将问卷中不同决策行为偏差之间的共现性以两维图形展现出来。具体而言，针对所收集和整理的二分变量数据之间空间距离的计算，本章参考了 Eck 和 Waltman（2009）的研究，选择关联强度（Association Strength）作为变量间距离计算的规则。Eck 和 Waltman（2009）的研究在归纳和总结之前研究的基础上，提出了四种计算质性数据之间相似性的方法，即 Association Strength、the Cosine、the Inclusion Index 和 the Jaccard Index，并且认为 Association Strength 和 the Cosine 是其中最好的方法。关联强度的计算公式为：

$$S_A(c_{ij}, s_i, s_j) = c_{ij} / s_i s_j$$

其中，S_A 为任意两个变量的关联强度，c_{ij} 为两个变量共现的次数，s_i 和 s_j 分别为两个变量的出现次数。当计算出所有变量之间的关联强度后，在 R 语言程序中输入相似性程度的矩阵以在多维空间中找到各个变量相对应的位置坐标，最后通过线段连接关联强度值位于前 30%内的变量，以形成最终的非理性行为空间连接图。

本次研究共获取 22 种非理性行为变量的问卷调查数据，在对数据进行初步处理和分析后，本书最终确定合取谬误、赌徒谬论、易得启发式偏差、锚定效应、过度自信、证实性偏差、心理账户、确定性效应、反射效应、处置效应、后悔厌恶和损失厌恶 12 种非理性行为变量以输出中国证券监管者非理性行为的空间关联结果。之所以选择这 12 种非理性行为主要是基于数据分析结果稳定性和可靠性的考虑。一方面，多维尺度法是一种将多维空间的研究变量简化到低维空间进行定位、分析和归类，同时又保留对象间原始关系的数据分析方法。理论上讲，空间模型的拟合度指标随着维数的增加而优化，但维度越多就越难以被理解和解释，因此，如果将所有 22 种非理性行为变量纳入空间模型，就需要三维或者更高维度的空间图予以拟合才能得出符合拟合标准的结果，并且对结果的分析也远超研究者的能力；另一方面，即使是在二维空间的约束下尽可能多地选择不同类型非理性行为进行拟合，也需要寻求拟合度最佳的结果输出（stress＜0.15）（Grimm 和 Yarnold，1995）以确保二维空间结果的稳定性，这就需要尝试不同非理性行为的组合，通过观察拟合度的变化不断增加或删减变量以找到稳定性最高的二维空间图。简言之，最终这 12 种非理性行为变量的选择和结果的呈现并不是研究者主观选择的结果，而是基于二维空间限制下的包含最大数量非理性行为变量的最优拟合结果。

6.3　研究结果

图 6－1 显示了中国证券监管者在监管中存在的 12 种非理性行为的二维空间位置图，这一输出结果的应力值（stress）为 0.130 6，通常情况下，应力值小于 0.2 就表明多维尺度的输出结果是可以接受的（Spence，1982），说明本次研究所得出的结果是较为可信的。

图 6－1 中的点代表不同的非理性行为在二维空间中的位置，在问卷数据中，如果不同的两个非理性行为共现得越系统，代表着它们在空间图中所对应点之间的距离越近，也意味着二者之间是存在共性的。相反，如果两个非理性行为共现得越不系统，那么二者在空间图中对应点之间的距离越远，也意味着二者相互之间更独立。例如，易得启发式偏差与合取谬误之间的距离很短，这就说明二者共同出现的可能性更高，相比之下，过度自信和处置效应的距离就很远，说明二者共同出现的可能性低。进一步观察图 6－1 中不同非理性行为之间的空间距离可以发现，第一，合取谬误、易得启发式偏差和锚定效应相互之

间的距离较近，说明这三种非理性行为之间具有很高的相似性。在以往的研究中，这三种行为偏差也被认为是启发式思考的结果。第二，后悔厌恶、反射效应和损失厌恶之间的距离较近，说明三者之间具备很高的相似性。在以往的研究中，后悔厌恶与损失厌恶之间也确实被认为存在很高的相关性。第三，沿着图中所画实线，中国证券监管者非理性行为的二维空间位置图可以被划分为两部分，这两部分非理性行为之间具有明显的界限，说明在内在联系机制方面存在明显不同的规律。具体而言，在图形的左下部分，笔者发现所分布的非理性行为主要与个体的经济决策相关，并且受消极情绪因素影响明显。相比之下，在图形的右上部分，所分布的非理性行为主要与个体的经验决策相关，受启发式思考和信念因素影响明显。

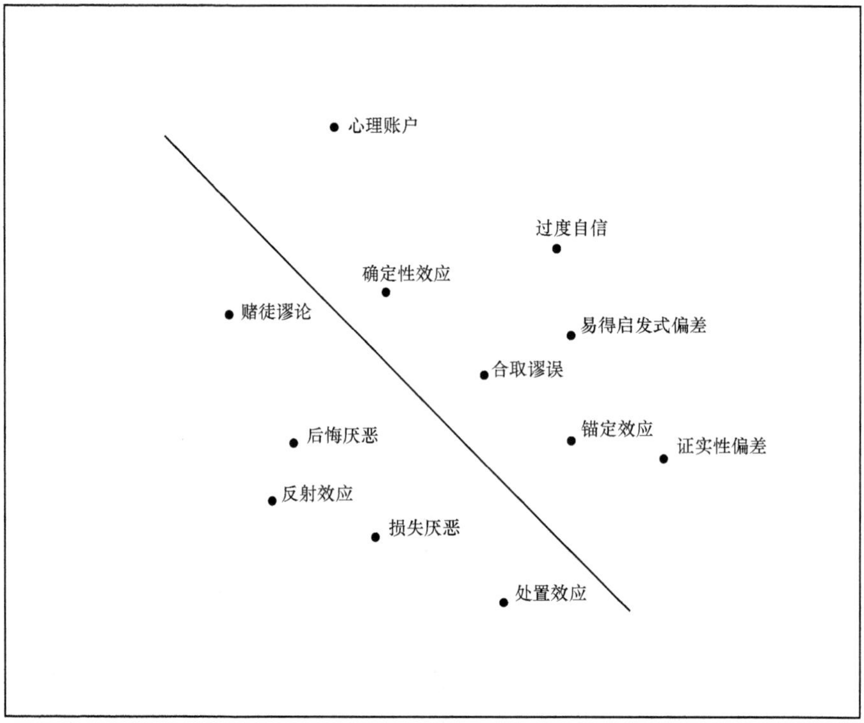

图 6-1　中国证券监管者非理性行为的二维空间位置图

为了进一步验证上述发现，并且挖掘更多关于该二维空间图形的细节，在下一步的分析中，不同非理性行为点将依据相互之间的共现性进行连接，形成中国证券监管者非理性行为的二维空间连接图（见图 6-2）。

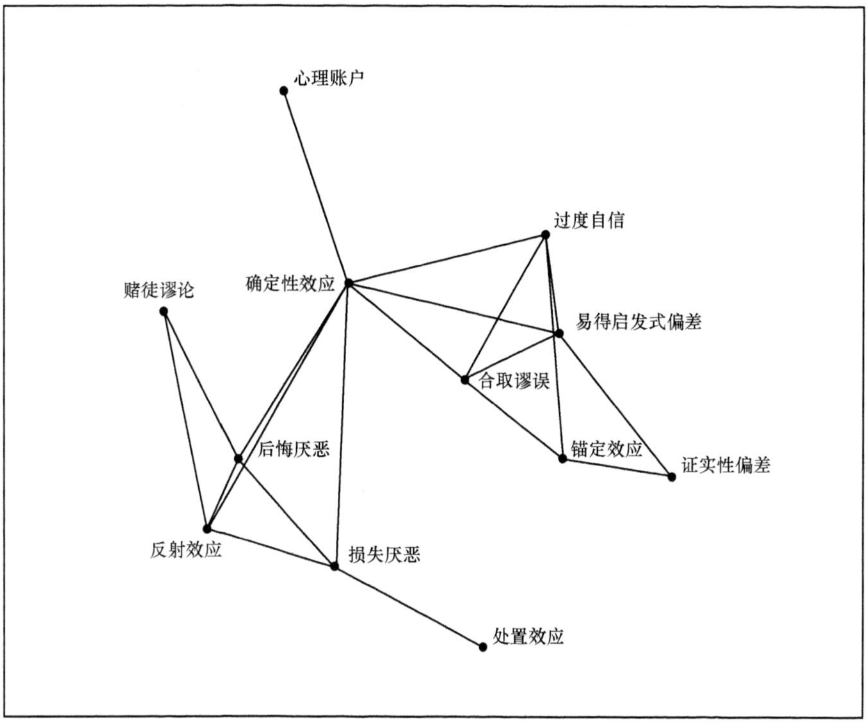

图 6-2　中国证券监管者非理性行为的二维空间连接图

由图 6-2 可以清晰地看出，对于中国证券监管者而言，12 种非理性行为在空间上连接成了一个类似马蹄的图形，具体的特征可以总结为以下三点。

第一，在马蹄图形的右半部分，合取谬误、易得启发式偏差、锚定效应、过度自信和证实性偏差五个非理性行为共同构成了一个紧密联系的集群。值得注意的是，在这一集群中，合取谬误、易得启发式偏差和锚定效应的分布较为集中，说明三者之间具有十分紧密的联系，而根据以往的研究可以发现，这三个非理性行为无论是在定义上还是在解释上都存在高度的相似性，都是人们依据“经验法则”的启发进行决策判断所产生的行为偏差（Tversky 和 Kahneman，1973）。此外，虽然在以往的研究中，过度自信和证实性偏差被认为都与认知的保守性相关，代表着人们为维护自我信念所做出的努力（Aronson，2001；Parketal，2010），但在集群中，过度自信和证实性偏差之间具有一定的距离并且不存在直接的联系，不过二者都与启发式非理性行为偏差有紧密联系。

第二，在马蹄图形的左半部分，反射效应、损失厌恶、后悔厌恶、处置效应和赌徒谬论五个非理性行为共同构成了一个集群，但集群的紧密性明显不如第一个集群。在这一集群中，反射效应、损失厌恶和后悔厌恶的分布较为集中，相互之间的关系也更为紧密，由以往的文献回顾也可以发现，与损失和后悔相关的决策情境对于个体认知而言通常是非常态的（Kahneman，2012），所引起的情绪也通常是消极的（Landman，1993；Sokolhessneretal.2013），这就刺激了人们的精细式思考方式，通过有意识地采取规避性行为以摆脱消极情绪的影响（Clore、Wyer和Dienes，2001；Reb，2008；Brink和Rankin，2008）。

第三，确定性效应处于马蹄图形的连接处，连接了马蹄图形的右半部分集群以及左半部分集群。确定性效应代表着人们在收益状态下容易出现的非理性行为，在马蹄图形中，确定性效应虽与左半部分集群中的核心（反射效应、损失厌恶和后悔厌恶）有联系，但之间的距离并不算近，说明确定性效应和左半部分集群在认知特征上有着不同却相关的逻辑。相比之下，确定性效应与右半部分集群的距离则要更近，说明相互之间在认知特征上虽有不同，但相似性程度更高。

上述特征表明，对于中国证券监管者而言，非理性行为的整体关联性存在明显的规律和特征，而确定性效应可能是理解其中特征和规律的关键，因为它在图形中起到了链接两个非理性行为集群的重要作用。在第5章的研究中，确定性效应同样在连接不同非理性行为集群方面起着重要的作用，并且在进一步的分析后发现，这主要是因为中国证券监管者在确定性效应下的表现符合低常态高内隐的非理性行为模式，其中，高内隐性特征得以将确定性效应和合取谬误、过度自信联系在一起，而低常态性特征则得以将确定性效应和后悔厌恶、反射效应联系在一起。在本章研究中，虽然在非理性行为变量距离的计算上与相关分析有较大区别，但从所得出的结果中依旧可以发现，确定性效应和合取谬误、过度自信紧密联系，并且也与后悔厌恶和反射效应互相联系，因此，有理由认为中国证券监管者在收益状态下的认知确实有着低常态和高内隐的特征。基于这一结论，可以推出马蹄图形的右半部分集群应该有着较高的认知内隐性特征，结合上文的研究和分类也可以发现这一结论是成立的。对于中国证券监管者而言，合取谬误和过度自信下的认知都有着高常态高内隐的特征，并且易得启发式偏差、锚定效应与合取谬误之间、过度自信与证实性偏差之间在定义和解释上又有着很高的相似性，所以，可以认为马蹄图形右半部分的非理性集群不仅有着较高的认知内隐性，同时也有着较高的情境常态性特征。同理，由于马蹄图形的左半部分集群与确定性效应相联系，但又明显区别于右半部分集群，因此可以认为马蹄图形的左半部分集群应该有着较低的情境常态性特征，通过观察集群内部的联系也可以进一步证实这一点。具体而言，在该集群中，与确定性效应距离较近且存在直接联系的三个非理性行为是损失厌恶、后悔厌恶和反射效应，而上文的研究已经表明这一联系是因为它们同时具备较低的情境常态性特征。同时，损失厌恶、后悔厌恶和反射效应之间的距离非常近，说明三者之间具有非常高的共性，结合上文的研究，这一共性既体现在情境的低常态性上，也体现在认知的低内隐性上。此外，由于赌徒谬论和处置效应分别处于该集群的两端并且相互之间距离很远，说明二者的特征可能存在很大的不同。在以往研究中，处置效应被认为是与损失厌恶有着直接的联系，这一联系也体现在非理性行为集群中，说明处置效应与损失厌恶一样，符合低常态低内隐的非理性行为模式。赌徒谬论是这一集群中比较特殊的非理性行为，因为在 Tversky 和 Kahneman（1971）的研究中，赌徒谬论被归为代表启发式偏差的一种，这意味着赌徒谬论应该与合取谬误、易得启发式偏差和锚定效应有着更高的共性。然而，本章的研究却发现赌徒谬论在距离上较靠近确定性效应，并且与后悔厌恶和反射效应存在共性，与启发式偏差以及处置效应存在很低的共性，这表明中国证券监管者在赌徒谬论上的表现可能符合低常态高内隐的非理性行为模式。

6.4　研究讨论

6.4.1　中国证券监管者存在两种截然不同的非理性行为模式

Hadit（2006）的研究曾指出，人们的行为受到趋近系统和逃避系统的控制，前者让人想接近和控制特定事物，后者则让人想避开特定事物，这两个系统随时处于待命的状态，不断监视着周围的环境并决定接下来的行为。结合本章的研究结果可以发现，中国证券监管者在决策中也同样不可避免地受到这两个系统的控制，从而表现出截然不同的两种非理性行为模式。其中，趋近系统会促使中国证券监管者依靠经验和习惯来进行决策以对情境进行控制，并进而导致了诸如合取谬误、易得启发式偏差这样的非理性行为；逃避系统则会促使中国证券监管者依靠感觉和情绪来进行决策以对情境进行摆脱，并进而导致了诸如后悔厌恶、损失厌恶这样的非理性行为。依据行为心理学中“刺激—反应—行为”的分析原理可以进一步发现，与趋近式非理性行为模式相关的多为人们熟悉和了解的决策情境，此类决策情境对于个体认知的刺激通常是积极和温和的，因此，个体的思考和反应也通常是启发式的，无须付出太多的认知努力便可进行决策，但由于无意识遗漏真实情境的细节而最终导致非理性行为。相比之下，与逃避式非理性行为模式相关的则多为人们陌生和不了解的决策情境，此类决策情境对于个体认知的刺激通常是消极和强烈的，因此，个体的思考和反应通常是精细式的，需要付出更多的认知努力来进行决策，但由于有意识篡改了情境的真实特征而最终导致非理性行为。

趋近式非理性行为模式与逃避式非理性行为模式的存在表明中国证券监管者在应对和处理不同类型市场问题时会有截然不同的表现。一方面，在面对日常性的市场问题时，监管者更愿意凭借经验和习惯进行判断和决策，例如，监管者常通过控制企业 IPO 数量来干预和刺激市场，股市行情不好时减少或停止企业 IPO，股市向好时则增加或放开企业 IPO，这显然是源于监管者过去所形成的经验法则。事实上，对于市场的关注应当是顺应市场的发展规律，而随意地控制企业 IPO 进程并不会有利于市场供给和需求的平衡，反而容易造成市场的暴涨暴跌（刘迎，2013）。因此，依据启发式经验法则来判断市场常常会使监管者对现实问题认识不清，从而导致对市场管得过多、管得太严、管得太频繁但又管得不好。另一方面，当所制定和实施的监管措施没有达到预期而可能导致不好的结果时，监管者往往倾向借助监管手段尽量拖延不好结果的出现。

6.4.2 中国证券监管者的两种非理性行为模式受信念支撑的水平不同

由本章的研究结果可以发现，信念因素对中国证券监管者的决策影响具有明显的特殊性，其中，以过度自信、证实性偏差为代表的非理性行为主要与趋近式非理性行为紧密联系，相比之下，与逃避式非理性行为的联系则很低，这就表明中国证券监管者的两种非理性行为模式受信念支撑的水平明显不同。事实上，由于个体所处的环境总是在不断地变化，因此行为主体有着维护自我意识一致性和连贯性的强烈愿望。在监管研究中，关于证券监管者是否自信的话题也一直受到学界的广泛讨论，支持者认为频繁干预、过度监管是监管者有较强决策信念的有力证据（Plous，2004；郝旭光等，2013），反对者则指出监管者因为决策信念较弱而经常表现出从众和推卸责任（Kane，1997；Choi 和 Pritchard，2003）。显然，根据本书的研究，中国证券监管者是否自信需要依照不同情况而定。一方面，当中国证券监管者受到“经验法则”的启发进行决策时通常有着很强的信念支撑，倾向收集支持自己观点的信息并且相信自己是正确的。具体而言，在中国现行的监管体制下，监管者拥有的监管权限很大，而对一些常见的市场问题也容易形成一套稳定、常用的监管方式。因此，在类似的问题出现时，职位所赋予的权威性和优越感就会使监管者对自己的判断和所采取的行动更为自信。另一方面，当监管者遇到突发的负面市场状况时，为摆脱负面情绪影响而采取的行动却通常缺乏信念的支撑，表现出不自信和没有安全感。具体而言，中国证券监管者虽有很高的职位权力，但同时也承受着更高的公众关注度，压力很大。因此，在面临由监管不力所带来的公众和舆论压力时，监管者会显得无所适从，经常处于妥协和自我否定的困境中。

6.4.3　对于确定性结果的追求贯穿监管者的不同非理性行为

在本章的研究中，确定性效应居于研究模型的核心位置，同时连接了两类不同的非理性行为模式，这表明减少风险、实现确定性的结果对于中国证券监管者的决策来说非常重要。结合中国证券监管的实际可以发现，由于中国证券监管者都是体制内的公务人员，激励不足但又面临巨大的工作压力，并且其所从事的监管工作又关乎众多人、众多组织的切身利益，所以在决策判断时不得不小心翼翼，通常以少犯错、少冒险为决策前提，因为犯错的成本对于体制内的公务员来说是巨大的，不仅会招致各方的批评，其职位和名誉也可能会受到损失，对监管机构整体的影响也非常大，这就决定了“确定性”对于中国证券监管者的重要性。对确定性结果的追求会促使监管者常以短视的方式应对和处理市场问题，喜欢并习惯运用行政手段来追求短期利益的实现，至于长期的副作用和后遗症则往往被忽略，这也导致监管者在制定和实施监管措施时常以解决当下和紧迫的问题为主，而对于实施后不能马上见效的措施则不会给予太高的重视。

6.4.4　中国证券监管者非理性行为特征与规律的进一步总结与探讨

基于上述结果分析可以认为，中国证券监管者的非理性行为在整体关联性上存在明显的特征和规律，而这既与决策情境的特征相关，也与监管者的反应模式以及决策目标相关。因此，有理由认为不同的决策情境刺激导致了监管者不同的非理性反应模式，并进而产生不同类型的非理性行为，而非理性行为的共同目的则都是为了追求确定性的结果，由此所形成的路径关系如图 6 – 3 所示。

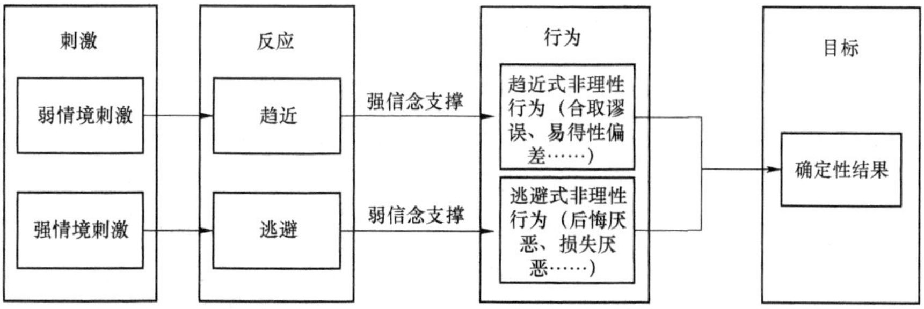

图 6 – 3　基于中国证券监管者非理性行为特征的决策路径图

证券监管者在证券市场中有着很高的权威，并且在市场信息获取方面具备明显的优势，因此理应从容地应对不同的证券市场问题，因为高权威和信息优势会强化监管者做判断时的信心，使监管者能够更容易解决困难的决策问题。

但事实上，由于非理性因素的影响，中国证券监管者在决策中不可避免地会受到经验、习惯、情绪等的影响而产生非理性行为，这在弱化了高权威性和信息优势作用的同时，也产生了不同于一般人群的新的非理性行为特征。具体而言，以往研究表明人们在面对困难任务时会更容易表现出过度自信，因为困难任务会较简单任务更容易刺激人们维护自身认知的强烈动机（Thomsona 等，2003），并且当任务越难以预测和把握时，专家要比专业知识相对较少的人更容易表现出过度自信（Heath 和 Tversky，1991）。在本章研究中，中国证券监管者在处理困难任务时并不自信，也缺少维护自身信念和认知的强烈动机，显然这与一般人群的非理性行为特征存在很大不同，说明高权威性和信息优势不仅难以帮助中国证券监管者自信地应对和化解困难任务，反而容易使其屈从外部压力，放弃所应持有的正确监管立场，这也较为典型地体现在近年发生的诸如“查配资”“熔断”重大监管事件中。此外，以往研究已经表明人们在面临包含损失、后悔这样的决策任务时会为了推迟损失或后悔的发生而倾向忍受一定的不确定性（Kahneman 和 Tversky，1979；Zeelenberg，1999），而中国证券监管者在应对此类决策任务时更难以忍受其中的不确定性，这就意味着中国证券监管者会为了追求确定性而愿意忍受一定的损失和后悔，即使这与自身所持有的认知是冲突的，这也就可以解释中国证券监管者在此类任务中为什么有着较弱的信念支撑。

6.5 稳健性检验

6.5.1 非理性行为变量替换的结果一致性检验

在本书的研究中，为了寻求二维空间限制下的包含最大数量非理性行为变量的最优拟合结果（stress＜0.15），我们最终选择了 12 种非理性行为作为二维空间关联图的构成，并进而得出主要的研究结论。为了考察使用所选择非理性行为变量而得出的研究结论的稳健性，本书从概念定义以及情境实验的相似性角度出发，分别用“回忆陷阱”（Hammond 等，1998）、“正面框架效应”（Tversky 和 Kahneman，1981）和“负面框架效应”（Tversky 和 Kahneman，1981）替代了“易得启发式偏差”和“确定性效应”和“反射效应”，所得出的新的中国证券监管者非理性行为二维空间图如图 6－4 所示。

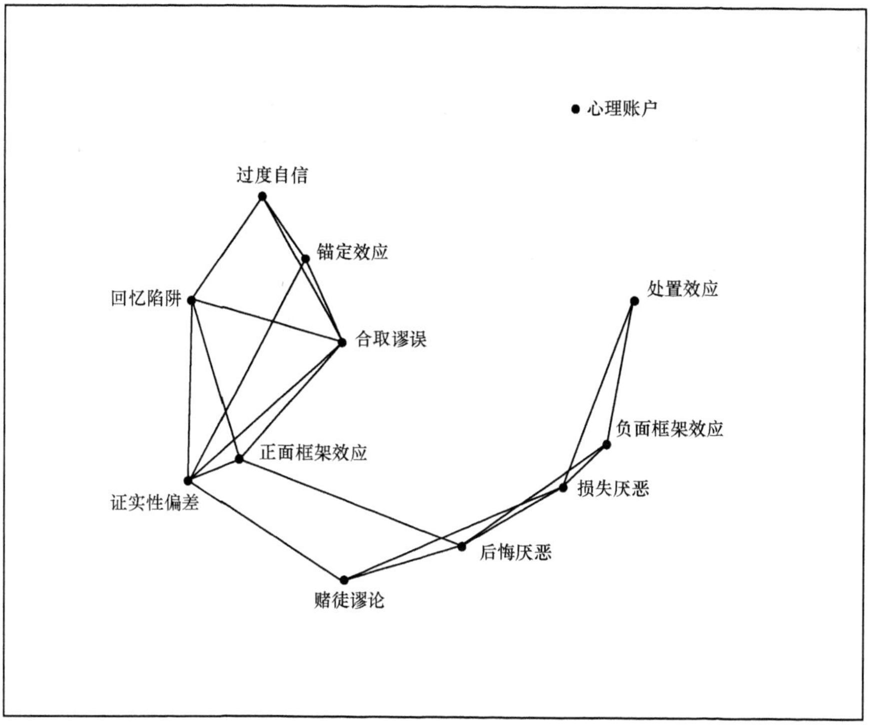

图 6－4　变量替代后的中国证券监管者非理性行为的二维空间连接图

由于是对原有非理性行为变量的部分相似性替代，图 6－4 展示的新的非理性行为二维空间模型并不具备和原有模型一样好的拟合优度，其应力值为 0.190 1，说明模型结构并不是非常稳定。不过，从实际的输出结果来看，变量替代后的中国证券监管者非理性行为空间关联图与替代之前的关联图具有很高的相似性，依然是类似马蹄的图形。首先，回忆陷阱、合取谬误和锚定效应的分布依然较为集中，过度自信和证实性偏差之间虽存在一定距离，但依旧与回忆陷阱、合取谬误和锚定效应共同组成了紧密联系的非理性行为集群。其次，损失厌恶、后悔厌恶、负面框架效应、处置效应和赌徒谬论 5 种非理性行为依然共同构成了一个非理性行为集群，其紧密性也不如另一个非理性行为集群。再次，作为确定性效应的替代变量，正面框架效应依然连接了两个不同的非理性行为集群，但与回忆陷阱、合取谬误、锚定效应、过度自信和证实性偏差所构成集群的联系更为紧密。最后，心理账户在距离上依然远离于其他非理性行为。基于此，有理由相信本书基于 12 种非理性行为所得出的关于中国证券监管者非理性行为整体关联特征的结论具有一定的内在稳定性，当对部分非理性行为变量进行相似性替换后，数据分析结果并不会出现显著的改变。

6.5.2 不同特征样本的结果异质性检验

本章是针对中国证券监管者非理性行为整体关联特征的探索性研究，这一研究问题之所以重要，原因就在于以往研究在将行为金融理论应用于监管现象讨论时经常忽视证券监管者非理性行为表现的一般性和特殊性规律，导致对监管者非理性行为特征的描述并不准确和系统，而本章研究结论也是基于“监管者非理性行为特征具有一般性和独特性”这一假设而得出。因此，为了进一步检验本书研究结论的客观性和合理性，我们收集了 373 份（共发放 408 份调查问卷）来自在校研究生的数据样本，并应用多维尺度分析的方法得出了包含 11 种非理性行为变量的二维空间连接图（见图 6－5），其应力值为 0.176 2。

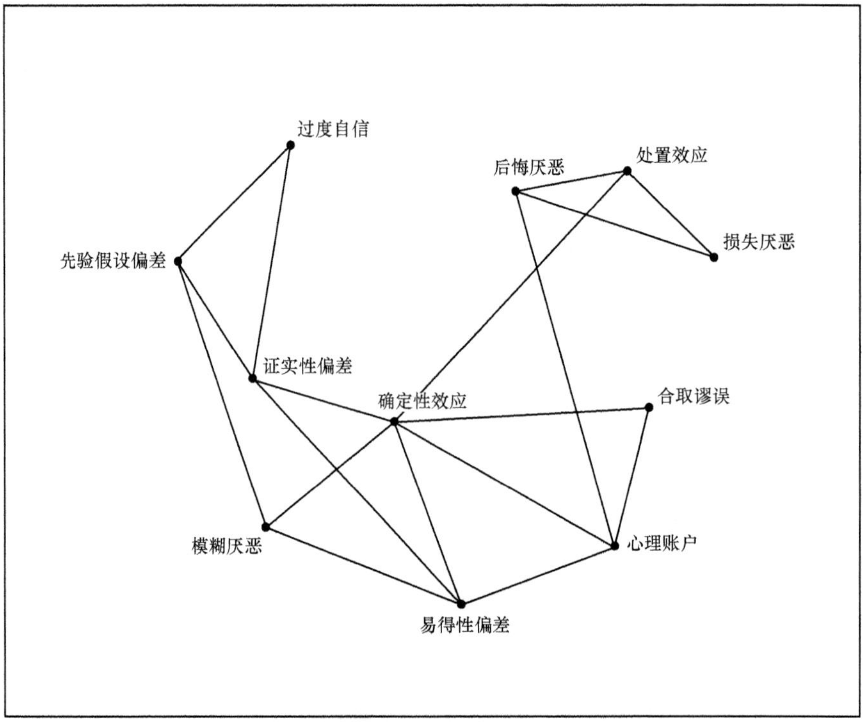

图 6－5 在校研究生样本非理性行为的二维空间连接图

通过观察图 6－5 可以发现，在校研究生的非理性行为整体关联特征与中国证券监管者存在一定的相似性，例如确定性效应的中心连接属性、逃避式非理性行为的紧密联系性等。但同时，整体关联特征的差异也是十分明显的，例如相较于中国证券监管者，过度自信、先验假设偏差和证实性偏差这些与认知保守性直接相关的非理性行为之间具有更为紧密的联系，并且与趋近式行为偏差之间不再具有特别紧密的关系。

6.6　本章小结

本章采用多维尺度分析的方法重点研究了中国证券监管者非理性行为的整体关联性问题，目的是深入探讨和发掘中国证券监管者的非理性行为模式。研究发现，中国证券监管者非理性行为的整体关联性存在明显的特征和规律：（1）合取谬误、易得启发式偏差、锚定效应、过度自信和证实性偏差共同构成了一个紧密联系的非理性行为集群；（2）反射效应、损失厌恶、后悔厌恶、处置效应和赌徒谬论共同构成了一个非理性行为集群，但紧密性不如前一个非理性行为集群；（3）确定性效应和心理账户存在联系，并且联结了上述两个非理性行为集群。

针对上述研究发现，本章认为确定性效应作为连接两个非理性行为集群的非理性行为，对于理解中国证券监管者非理性行为的整体关联性特征有着重要的作用。结合第 5 章的研究结论，确定性效应具有低常态高内隐的认知特征，其中，认知的高内隐性是连接其与第一个非理性行为集群的基础，低常态性则是连接其与第二个非理性行为集群的基础。进一步的分析发现，第一个非理性行为集群有着高常态高内隐的认知特征，中国证券监管者在这一非理性行为集群的影响下会以习以为常的经验和捷径思维来处理日常性的问题，并且对此有着很高的自信，容易出现过度监管和不透明监管。第二个非理性行为集群由于联系不够紧密而主要表现出低常态的认知特征，中国证券监管者在这一非理性行为集群的影响下会有意识地采取一些监管措施来应对非日常性的问题，并且由于不够自信而更容易受到外部压力的影响，尤其是在面对一些突发性的市场问题时，监管者可能会为了摆脱损失和后悔的影响而实施盲目式监管、非协调式监管、失时式监管、选择式监管和松懈式监管。

本章研究结果进一步证实了情境潜意识模型在解释多个非理性行为构成的整体关联关系时也是有效的。进一步而言，中国证券监管者在面对高常态与低常态情境时的决策存在明显不同。在高常态情境中，中国证券监管者更容易受到启发式思考和信念的影响而出现一系列非理性行为，并且这种影响通常是无意识的。具体而言，在日常性监管活动中，监管者经常会以启发式思考的方式来应对大量相似和熟悉的问题，并且无意识地相信自己的处理是正确的。显然，中国证券监管者在高常态情境下的高内隐认知特征一方面可以帮助监管者快速便捷地处理日常的监管事务，但另一方面，这也意味着在面对那些看似相似但实质不同的问题时，经验法则加上无意识的自信反而会成为有效监管的阻碍，导致过度监管和不透明监管。与高常态情境下的认知特征相比，中国证券监管者在低常态情境中更容易受到情绪的影响而出现一系列非理性行为，其中，消极情绪会驱使监管者进行控制性加工以改善当前的情绪状态，而积极情绪则会驱使监管者进行启发式加工以维持情绪状态。具体而言，在面对不熟悉或突发的问题时，中国证券监管者通常缺少习以为常的经验和知识，而有效的监管就需要证券监管者能够冷静、准确的识别问题的核心，遵循监管的基本原则和目标，通过采取恰当可操作的监管措施以解决问题，这其中，监管的独立性是有效监管的基础。但实际上，中国证券监管者在此类情境下更容易受到情绪的影响，一方面会为了摆脱消极情绪而采取一些违背市场规律和监管原则的措施，导致松懈式监管、盲目式监管和非协调式监管；另一方面也会为了保持积极情绪而采取一些违背市场规律和监管原则的措施，导致失时式监管和选择性监管。此外，中国证券监管者在面对低常态决策问题时较少对信念进行有意识的维护，这意味着中国证券监管者在低常态情境中容易放弃自己所持有的观点而向外部的压力妥协，表现为监管独立性的不足。

第 7 章

结论与展望

7.1 研究结论

7.1.1 中国证券监管者存在四类降低监管有效性的监管行为

多年以来，证券监管一直被各个国家视为弥补和解决证券市场失灵问题的重要手段，然而，事实证明，证券监管也存在失灵的情况，不仅未能有效解决一些长期困扰证券市场安全与稳定的问题，还可能干扰到市场的正常运行，甚至加剧市场失灵。监管失灵的现象同样存在于中国证券市场监管中，一些监管措施的制定和实施并不能很好地与监管的基本目标和原则匹配，存在越位和缺位的情况，并且监管的效率和效果也没有达到应该有的标准（郝旭光，2011）。针对证券监管的效率和效果问题，证券监管者在其中发挥着重要的作用，本书的研究发现，中国证券监管者在对证券市场进行监管时存在过度式监管、松懈式监管、选择式监管、失时式监管、盲目式监管、非协调式监管、不透明式监管、教条式监管和随意式监管九种行为特征，这九种监管行为特征又表征了四类监管行为，即缺位监管、错位监管、越位监管和失位监管。上述监管行为特征也与投资者保护水平低、监管执法效率低等现实问题紧密相关。其中，过度式监管和教条式监管会导致市场自由度和活力的下降，监管者也要为频繁的、严厉的监管付出更多的成本，并且在过度监管下，监管的针对性和综合性势必会不足。松懈式监管会导致证券监管者所推出的监管政策缺乏权威性，并且也间接鼓励了市场上的机会主义行为。选择式监管是对监管公平性原则的损害，在选择式监管下，监管的综合性和权威性水平较低，导致市场的整体性被人为分割开来，市场各方参与者的利益没有得到公平对待。失时式监管会导致市场问题经常得不到及时的处理，而一旦放任自流导致风险爆发，监管者要付出的监管成本是极为高昂的。盲目式监管会导致监管的前瞻性和严密性的不足，在盲目式监管中，证券监管者常采用“头疼医头，脚疼医脚”的方式来处理市场问题，缺少对市场的调研以及对问题前瞻性的认识，因而在制定和推出监管政策时会存在漏洞并进而导致监管有效性的下降。在非协调式监管中，证券监管者没有将市场视为一个整体，缺少对影响市场各因素的全面考虑，从而导致监管措施缺乏严密性和综合性，使监管的执行与预期存在差距。不透明式监管是对监管公开性原则的损害，在不透明监管中，监管者较少针对监管的过程与社会公众进行沟通，导致监管的权威性和严密性不足。随意式监管会明显降低监管的权威性，由于缺乏充分的调研和论证，会推出一些非常短视的监管措施，并且朝令夕改现象严重，致使市场各方参与者难以形成一致的监管预期。

7.1.2 中国证券监管者在决策中难以避免受非理性因素的影响

针对降低监管有效性的四类监管行为产生的原因，以往研究多从“理性人”和“有限理性人”角度进行分析，较少考虑启发式思考、信念、情绪等非理性因素的影响。为了验证非理性因素的影响，本书以行为金融学的四大研究理论为切入点，从启发式思考、信念依赖、损益认知和后悔认知四个方面实证检验了中国证券监管者在决策判断中是否存在非理性行为，并且其理性水平是否好于证券市场的投资者。研究发现，中国证券监管者在决策判断中也会出现非理性行为，其决策理性水平虽要显著高于散户投资者，但与机构投资者相比无显著差异。这一发现也表明，依靠证券监管者帮助证券市场投资者去发现和纠正他们的非理性行为是不现实的，而证券监管者也急需提升自己的决策理性水平。事实上，中国证券监管者的非理性行为也间接体现在了他们的监管行为中。

7.1.3 不同非理性行为背后存在一般性的规律与模式

长期以来，行为金融学的研究主要通过描述和证实人们在经济决策中存在的非理性行为以对大量金融市场异象进行解释，但由于尚未形成一个统一的非理性问题分析框架，因此目前形成的行为金融理论，无论是解释的范围还是解释的有效性都存在局限，尤其是难以解释不同非理性行为之间的关联规律。基于此，本书创新性地提出了一个适用于不同非理性行为特征分析的研究模型，即情境潜意识模型，并对前景理论、后悔理论、过度自信理论和启发式思考理论四个经典的行为金融理论的核心假设进行了分析和整合。总体来看，本书形成了关于情境潜意识模型的三个较为初步的研究成果。第一，情境潜意识模型的基础假设。情境潜意识模型目的是描述不同非理性行为的特征以解释和预测不同非理性行为之间的关联规律，因此，情境潜意识模型依旧以“非理性人”作为假设基础，基于现代心理学关于理性与非理性区别的讨论成果，分析后认为是潜意识因素与情境因素的特征共同决定了非理性行为的特征。第二，情境潜意识模型的两个维度，即情境的常态性与潜意识的内隐性。情境常态性与不同的人类认知系统相联系，当情境的常态性越高时，人们的行为就越容易受到趋近系统的控制而倾向对情境进行控制，当情境的常态性越低时，人们的行为就越容易受到逃避系统的控制而倾向对情境进行摆脱。潜意识内隐性与不同潜意识因素对行为影响的特征相关，潜意识内隐性越高，表明由潜意识因素所导致的意识性行为就越少，而潜意识内隐性越低，则表明由潜意识因素所导致的意识性行为就越多。第三，存在四种一般性的非理性行为模式。四种非理性行为模式在情境常态性和潜意识内隐性两个维度上具有不同的特征，而这也构成了不同非理性行为之间关联规律的内在基础。具体而言，个体在高常态高内隐（R1）状态下习惯依赖启发式思考进行决策，表现出对决策情境进行无意识控制；在低常态低内隐（R3）状态下则容易受到消极情绪的驱使进行决策，表现出对决策情境进行有意识的摆脱；在低常态高内隐（R2）状态下容易受到积极情绪的影响，表现出对决策情境进行无意识摆脱；在高常态低内隐（R4）状态下则容易受到信念的影响，表现出对决策情境进行有意识控制。为验证情境潜意识模型的假设及命题的有效性，本书也收集了大样本的问卷调查数据，运用相关分析和层次聚类分析的方法对由前景理论、后悔理论、过度自信理论和启发式思考理论所分别解释的五种非理性行为之间的关系进行了检验，结果也表明情境潜意识模型对于非理性行为之间的关联规律有着较好的解释和预测的作用，并且也间接界定了不同行为金融理论之间的区别和联系。

7.1.4　中国证券监管者具备独特的非理性行为模式

研究发现，不同非理性因素对于行为主体的影响并不是相互独立的，这一点通过观察不同非理性行为之间的关联性就可以看出。对于中国证券监管者而言，所表现出的非理性行为在模式上与一般人群存在差异，主要表现在信念依赖与积极情绪的影响方面，这也导致中国证券监管者在面对高常态情境时是过度自信的，但在面对低常态情境时是从众和不自信的，并且也是风险厌恶的。本书认为这种差异主要与中国证券监管人群的特征相关，作为体制内的公务人员，少犯错远比多做事更重要，因为犯错的成本是高昂的，而做对事情的激励又是不足的。针对这一研究结论，本书对数十种非理性行为应用多维尺度分析法进行了进一步的验证和讨论，发现中国证券监管者在决策中确实存在两类截然不同的非理性行为模式，即趋近式非理性行为模式和逃避式非理性行为模式。具体而言，在面对日常性监管活动时，中国证券监管者会依靠“经验法则”的启发来进行判断和决策，并且对此有着很高的信念支撑，但这也意味着在面对那些表面相似而实质不同的问题时，经验法则加上强信念反而会成为有效监管的阻碍，导致越位监管和缺位监管。相比之下，在监管不能达到预期或遭遇突发状况时，中国证券监管者会在负面情绪的影响下以精细式思考的方式来摆脱负面情绪的影响，但由于缺乏信念的支撑而容易向外部的压力妥协，导致错位监管和失位监管。此外，对确定性结果的追求始终贯穿中国证券监管者的决策过程，而这与中国证券监管者的职位特征有着密切的联系。

7.2 政策建议

当前，为了应对日益复杂的证券市场，证券监管机构应当发挥更重要的作用以正确引导中国证券市场更好地服务经济社会发展，因此探讨如何完善监管制度、提高监管效率就有着极其重要的意义。本书的研究启示就在于需要注重监管人员素质和能力的提高，通过掌握和了解监管者的决策行为特征，采取切实有效的措施增强监管者在从事监管工作时的理性水平。

一方面，提高科学决策水平，降低人治干扰。中国证券监管者需要认识到，任何监管措施的制定和执行都是存在成本和收益的，但从以往经验来看，证券监管对于市场的正常运行有着很强的干扰作用，很多监管措施在制定和施行过程中往往是不计成本的，这就导致了监管效率的低下，并且监管过程很容易受到人为因素的干扰。事实上，在实际监管中，由于配合政府宏观调控的需要，监管部门的工作任务不断增加、工作考核不断严格、工作压力不断增大，监管人员疲于应付大量日常事务，这就导致监管人员不可避免的以人治而非法制的手段来进行监管，使类似经验、习惯这样非理性因素的影响成为必然。为此，有必要在制度上进行一些安排以保证监管原则的实现，而监管原则的实现也会间接制约监管者非理性行为的出现。具体而言，针对大量日常性的监管任务，监管者不应将自身定位于市场的主管者，通过大量“强行政性”手段去改变和代替市场，而应该将自身定位于市场的监督者，确保市场上的参与者能够以合理的规则进行市场活动。为此，监管部门可以借助信息化的手段，依据监管的目标和原则构建标准化、自动化的决策系统。例如，监管部门在执行企业退市制度时，就可以将企业退市所需要的条件进行量化，当上市公司有关指标达到了某种程度后，决策系统将自动开启并执行退市政策，这样既降低了监管人员的工作压力以聚焦影响证券市场安全的重大问题，又可以避免由人治因素带来的非理性决策问题。

另一方面，通过聚焦监管职能，增强监管信心。为了增强应对突发或重大证券市场问题的能力，有必要进一步减少监管部门的行政审批权以聚焦监管的核心职能，提高监管的专业性和统一性，主管部门也需尽力维护监管的独立性不受干预，使证监会成为一个独立专业的监管机构，这也是提高监管自信以化解系统性金融风险、保障证券市场安全的重要前提。当监管独立性得以保证后，可以辅以灵活的监管激励和考核机制以鼓励监管者在监管原则的要求下寻求和制定更好的监管措施，将监管目标的实现与监管工作人员的自我成就需要相结合，有意识地引导监管者以积极、理性的方式来处理市场问题。此外，也可以建立一个市场干预启动程序来帮助监管者应对突发的市场情况，当这个程序被触发时，监管部门依据监管原则有权利采取临时的管制措施，召集专家和市场各方代表进行讨论以形成监管意见并向社会公众公开，这就从制度上避免了少数监管决策者因情绪、感觉的影响而置监管原则于不顾，随意制定和出台重要的监管措施。

7.3 研究不足与展望

本书的研究虽在选题、思路和方法上有着明显的创新，并且也得出了一系列富有理论和实践意义的研究结论，但由于行为金融研究以及在证券监管上的应用尚处于摸索和发展阶段，本书所提出和践行的研究框架和逻辑体系不可避免地存在一定程度的不足。从理论方面看，非理性所包含的内容是丰富而复杂的，而行为金融的已有研究涉及的只是其中很小的一部分。因此，本研究依据已有行为金融理论所构建的研究框架和研究模型也势必难以反映非理性行为的内容及影响的全貌，需要进一步的研究加以完善和扩展。此外，本书在监管行为与非理性行为之间建立的联系主要基于已有文献讨论和定性数据分析，所得结论的客观性和真实性存在一定问题，需要进一步研究以系统、严谨地将不同非理性因素与不同监管行为予以匹配。从实证方面看，本书虽采用访谈法和问卷调查法搜集了大量一手数据，但受限于经费、时间和能力因素，针对中国证券监管者人群所收集到的样本数量依旧不够，这也一定程度上限制了本书结论的有效性。此外，本书采用的是探索性的数据分析方法，目的是挖掘数据的规律性特征，并在此基础上提炼和提出研究模型，也为今后的研究提供了基础和方向。但不可否认的是，本书依据探索性研究所得出的结论具有较强的主观经验性，并且可能忽略了一些重要因素的影响，因此需要进一步的探究性研究来予以证实。

参考文献

［1］ 安德鲁·马斯－科莱尔．微观经济学：上［M］．北京：中国社会科学出版社，2001．

［2］ 陈国进，赵向琴，林辉．上市公司违法违规处罚和投资者利益保护效果［J］．财经研究，2005，31（8）：48－58．

［3］ 陈月生．中国证券市场资源配置研究——基于制度分析［D］．福州：福建师范大学，2010．

［4］ 丹尼尔·卡尼曼．思考，快与慢［M］．北京：中信出版社，2012．

［5］ 邓仲华，李志芳．科学研究范式的演化——大数据时代的科学研究第四范式［J］．情报资料工作，2013，34（4）：19－23．

［6］ 郝旭光．中国证券市场监管有效性研究［D］．北京：中国人民大学，2009．

［7］ 郝旭光．中国证券市场监管有效性研究［J］．中国工业经济，2011（6）：16－25．

［8］ 郝旭光．中国证券市场监管有效性评价——基于问卷调研数据的实证分［J］．烟台大学学报（哲学社会科学版），2013，26（1）：111－117．

［9］ 郝旭光．证券市场监管者非理性行为研究［J］．中央财经大学学报，2015，1（2）：24－32．

［10］ 郝旭光，贺小刚，张嘉祺．证券监管机构与上市公司的博弈分析［J］．中央财经大学学报，2013，1（8）：19－23．

［11］ 郝旭光，李放，张士玉．中国证券监管者行为偏差及其关联性研究［J］．中国工业经济，2013（10）：96－107．

［12］ 郝旭光，刘欢，张士玉．证券监管者非理性偏差及其内在关联性研究［J］．财贸经济，2014，35（5）：51－60．

[13] 郝旭光，佟薇．中国证券监管者心理账户、过度自信及锚定效应的关联性研究［J］．北京工商大学学报（社会科学版），2014，29（1）：102－110．
[14] 郝旭光，于海娇，张士玉．中国证券监管者非理性行为关联性研究［J］．北京工商大学学报（社会科学版），2012（3）：80－86．
[15] 郝旭光，张嘉祺，刘子建．损失厌恶、后悔厌恶与沉没成本效应的关联性分析［J］．北京工商大学学报（社会科学版），2016，31（2）：91－100．
[16] 郝旭光，张嘉祺，邱筱青．中国证券监管者损失厌恶、代表性偏差与处置效应关联性的实证研究［J］．中央财经大学学报，2016（6）：39－48．
[17] 赫伯特・西蒙．管理行为［M］．北京：北京经济学院出版社，1988．
[18] 姜树广，韦倩．信念与心理博弈：理论、实证与应用［J］．经济研究，2013（6）：141－154．
[19] 柯湘．中国证券监管权的行使与制约研究［M］．北京：知识产权出版社，2015．
[20] 柯象中．仅仅是散户非理性吗［N］．中国财经报，2008－03－18（7）．
[21] 列纳德・蒙洛迪．Subliminal：How Your Unconscious Mind Rules Your Behavior［M］．北京：中国青年出版社，2013．
[22] 廖暾曦，陈秧秧．证监会内幕交易处罚案例研究——以 59 个内幕交易处罚为例［J］．证券法苑，2013，9（2）：401–427．
[23] 刘程浩，徐富明，王伟，等．概率判断中的合取谬误［J］．心理科学进展，2015，23（6）：967－978．
[24] 罗宾斯，德林佐，穆恩．管理学原理［M］．6 版．北京：中国人民大学出版社，2010．
[25] 孟伟．身体、情境与认知：涉身认知及其哲学探索［M］．北京：中国社会科学出版社，2015．
[26] 荣格著．分析心理学的理论与实践［M］．北京：三联书店，1991．
[27] 尚洁．公允价值会计的顺周期效应与金融稳定［J］．金融教学与研究，2011（2）：39－42．
[28] 叔本华．作为意志和表象的世界：珍藏本［M］．北京：商务印书馆，2009．
[29] 苏曦凌．行政决策的非理性维度研究［D］．湘潭：湘潭大学，2011．
[30] 王国成．西方经济学理性主义的嬗变与超越［J］．中国社会科学，2012（7）：68－81．
[31] 肖崎．基于行为金融理论对次贷危机的探析［J］．金融发展研究，2011（6）：3－9．
[32] 休谟．人性论［M］．北京：商务印书馆，1980．

［33］ 徐晓坤，王玲玲，钱星，等．社会情绪的神经基础［J］．心理科学进展，2005，13（4）：517－524．

［34］ 赵静梅，吴风云．非理性的博弈：行为金融学视角的证券监管［J］．宏观经济研究，2008（12）：57－63．

［35］ 张东龄．我国证券市场监管存在的问题与建议——基于 2015 年股灾的分析［J］．时代金融，2016（21）．

［36］ 张宗新，朱伟骅．增强信息透明度能否提升公司价值？［J］．南方经济，2007（7）：47－59．

［37］ Alpert M．A Progress Report on the Training of Probability Assessors［J］．Judgment Under Uncertainty Heuristics & Biases，1982，58（18）．

［38］ Agnoli F，Krantz D H．Suppressing Natural Heuristics by Formal Instruction：The Case of the Conjunction Fallacy［J］．Cognitive Psychology，1989，21（4）：515–550．

［39］ Akerlof G A，Dickens W T．The Economic Consequences of Cognitive Dissonance［J］．American Economic Review，1982，72（3）：307－319．

［40］ Arrow K J．Social Choice and Individual Values［M］．Connecticut：Yale University Press，1951．

［41］ Banz R W．The Relationship Between Return and Market Value of Common Stocks［J］．Journal of Financial Economics，1981，9（1）：3－18．

［42］ Baker S E，Edwards R．How Many Qualitative Interviews Is Enough：Expert Voices and Early Career Reflections on Sampling and Cases in Qualitative research［J］．National Centre for Research Methods Southampton，2012．

［43］ Barber B M，Odean T．Online Investors：Do the Slow Die First？［J］．Ssrn Electronic Journal，1999，15（2）：455－488．

［44］ Barberis N，Huang M，Santos T．Prospect Theory and Asset Prices［J］．Quarterly Journal of Economics，2002，116，1－53．

［45］ Barberis N，Mukherjee A，Wang B．Prospect Theory and Stock Returns：An Empirical Test［J］．Review of Financial Studies，2016，29：págs．3068－3107．

［46］ Baron R A，Markman G D．Beyond Social Capital：How Social Skills Can Enhance Entrepreneurs' Success［J］．Academy of Management Executive，2000，14（1）：106－116．

［47］ Bell D E．Regret in Decision Making under Uncertainty［J］．Operations Research，1982，30（5）：961－981．

［48］ Ben-David I，Graham J R，Harvey C R. Managerial Overconfidence and Corporate Policies［J］. General Information，2007.

［49］ Benartzi S，Thaler R H. Myopic Loss Aversion and the Equity Premium Puzzle［J］. Quarterly Journal of Economics，1995，110（1）：73-92.

［50］ Barberis N，Huang M. Mental Accounting，Loss Aversion，and Individual Stock Returns［J］. The Journal of Finance，2001，56（4）：1247-1292.

［51］ Bargh J A. Losing Consciousness：Automatic Influences on Consumer Judgment，Behavior，and Motivation［J］. Journal of Consumer Research，2002，29（2）：280-285.

［52］ Berglund T. Incentives for Complexity in financial regulation［J］. Journal of Risk Finance，2014，15（2）：102-109.

［53］ Blanton H，Pelham B W，Dehart T，et al. Overconfidence as Dissonance Reduction［J］. Journal of Experimental Social Psychology，2001，37（5）：373-385.

［54］ Bowles S. Microeconomics：Behavior，Institutions and Evolution［M］. New Jersey：Princeton University Press，2004：154-161.

［55］ Brandstätter E，Gigerenzer G，Hertwig R. The Priority Heuristic：Making Choices without Trade-Offs［J］. Psychological Review，2006，113（2）：409-32.

［56］ Brunnermeier M K，Parker J A. Optimal Expectations［J］. American Economic Review，2005，95（4）：1092-1118.

［57］ Camille N，Coricelli G，Sallet J，et al. The Involvement of the Orbitofrontal Cortex in the Experience of Regret［J］. Science，2004，304（5674）：1167-1170.

［58］ Chang C，Jiang J，Kim K A. A Test of the Representativeness Bias Effect on Stock Prices：A Study of Super Bowl Commercial Likeability［J］. Economics Letters，2009，103（1）：49-51.

［59］ Cheng H. Insider Trading in China：The Case for The Chinese Securities Regulatory Commission［J］. Journal of Financial Crime，2008，15（2）：165-178.

［60］ Ch'Ng K S，Zaharim N M. Confirmation Bias and Convergence of Beliefs：An agent-Based Model Approach［J］. Malaysian Journal of Economic Studies，2010，47（1）：19-31.

［61］ Choi S J. Pritchard A C. Behavioral Economics and the SEC［J］. Stanford Law Review，2003，56（1）：1-73.

[62] Chu W, Im M, Jang H. Overconfidence and Emotion Regulation Failure: How Overconfidence Leads to the Disposition Effect in Consumer Investment Behaviour [J]. Journal of Financial Services Marketing, 2012, 17 (1): 96 – 116.

[63] Clore G L, Wyer R S, Dienes B, et al. Affective Feelings as Feedback: Some Cognitive Consequences [M]. //Martin L L, Clore G L, et al. Theories of Mood and Cognition. Mahwah: Lawrence Erlbaum Associates Publishers, 2001.

[64] Connolly T, Butler D. Regret in Economic and Psychological Theories of Choice[J]. Journal of Behavioral Decision Making, 2006, 19(2): 139 – 154.

[65] Connolly T, Reb J. Regret in Cancer-Related Decisions [J]. Health Psychology, 2005, 24 (45): 29 – 34.

[66] Connolly T, Zeelenberg M. Regret in Decision Making [J]. Current Directions in Psychological Science, 2002, 11 (6): 212 – 216.

[67] Cooper J C, Kovacic W E. Behavioral Economics: Implications for Regulatory Behavior [J]. Journal of Regulatory Economics, 2012, 41 (1): 41 – 58.

[68] Coricelli G, Critchley H D, Joffily M, et al. Regret and Its Avoidance: A Neuroimaging Study of Choice Behavior [J]. Nature Neuroscience, 2005, 8 (9): 1255 – 1262.

[69] Crupi V, Fitelson B, Tentori K. Probability, Confirmation and the Conjunction Fallacy [J]. Thinking and Reasoning, 2008, 14, 182–199.

[70] Debondt W F M, Thaler R. Does the Stock Market Overreact [J]. Journal of Finance, 1985, 14 (3): 793 – 805.

[71] Dhar R, Z Ning. Up Close and Personal: An Individual Level Analysis of the Disposition Effect [J]. Yale School of Management, Working Papers, 2002.

[72] Eck N J V, Waltman L. How to Normalize Co-Occurrence Data? An Analysis of Some Well-Known Similarity Measures [J]. Journal of the Association for Information Science and Technology, 2009, 60 (8): 1635–1651.

[73] Erceg N, Galić Z. Overconfidence Bias and Conjunction Fallacy in Predicting Outcomes of Football Matches [J]. Journal of Economic Psychology, 2013, 42 (2): 52 – 62.

[74] Fama E F. Market Efficiency, Long-Term Returns, and Behavioral Finance [C]. Center for Research in Security Prices, Graduate School of Business,

University of Chicago, 2000.

[75] Fischhoff B. Hindsight Is Not Equal to Foresight: The Effect of Outcome Knowledge on Judgment under Uncertainty [J]. Journal of Experimental Psychology: Human perception and performance, 1975, 1 (3): 288.

[76] Gigerenzer G, Todd P M. Simple Heuristics That Make us Smart [J]. Oup Catalogue, 2000, 23 (5): 727-41; discussion 742-80.

[77] Gilovich T, Medvec V H. The Temporal Pattern to the Experience of Regret [J]. Journal of Personality & Social Psychology, 1994, 67 (3): 357.

[78] Glaeser E L. Paternalism and Psychology[J]. Ssrn Electronic Journal, 2005, 73 (rwp06-006): 133-156.

[79] Glaeser E L, Shleifer A. The Rise of the Regulatory State [J]. Journal of Economic Literature, 2003, 41 (2): 401-425.

[80] Graham J R, Harvey C R, Huang H. Investor Competence, Trading Frequency, and Home Bias [J]. Management Science, 2005, 55 (7): 1094-1106.

[81] Greenwald A G, Banaji M R. Implicit Social Cognition: Attitudes, Self-Esteem, and Stereotypes [J]. Psychological Review, 1995, 102 (1): 4.

[82] Griffin D, Tversky A. The Weighing of Evidence and the Determinants of Confidence [J]. Cognitive Psychology, 1992, 24 (3): 411-435.

[83] Grinblatt M, Titman S, Wermers R. Momentum Investment Strategies, Portfolio Performance, and Herding: A Study of Mutual Fund Behavior [J]. Social Science Electronic Publishing, 1994, 85 (5): 1088-1105.

[84] Hammond J S, Keeney R L, Raiffa H. The Hidden Traps in Decision Making [J]. Clinical Laboratory Management Review Official Publication of the Clinical Laboratory Management Association, 1998, 13 (1): 39-47.

[85] Heath C, Tversky A. Preference and Belief: Ambiguity and Competence in Choice under Uncertainty[J]. Journal of Risk and Uncertainty, 1991, 4(1): 5-28.

[86] Heller Y. Overconfidence and Risk Dispersion [J]. MPRA Paper, 2010.

[87] Hirshleifer D. Psychological Bias as a Driver of Financial Regulation [J]. European Financial Management, 2008, 14 (5): 856-874.

[88] Howlett M, Ramesh M. Studying Public Policy: Policy Cycles and Policy Subsystems [J]. American Political Science Association, 1995, 91 (2): 548-580.

[89] Jarvstad A, Hahn U. Source Reliability and the Conjunction Fallacy [J]. Cognitive Science, 2011, 35 (4): 682-711.

[90] Jegadeesh N, Titman S. Returns to Buying Winners and Selling Losers: Implications for Stock Market Efficiency [J]. The Journal of Finance, 1993, 48 (1): 65-91.

[91] Jeremyko K, Huang Z. Persistence of Beliefs in an Investment Experiment [J]. Social Science Electronic Publishing, 2009, 2 (1): 1-34.

[92] Jolls C. Debiasing through Law [J]. General Information, 2006, 35 (1): 199-241.

[93] Jönsson M L, Assarsson E. A Problem for Confirmation Theoretic Accounts of the Conjunction Fallacy[J]. Philosophical Studies, 2016, 173(2): 1-13.

[94] Kahneman D, Knetsch J L, Thaler R H. Anomalies: The Endowment Effect, Loss Aversion and Status Quo Bias [J]. Journal of Economic Perspectives, 1991, 5 (1): 193-206.

[95] Kahneman D, Miller D T. Norm Theory: Comparing Reality to Its Alternatives [J]. Psychological Review, 1986, 93 (2): 136-153.

[96] Kahneman D, Tversky A. Prospect Theory: An Analysis of Decision under Risk [J]. Econometrica, 1979, 47 (2): 263-291.

[97] Katarina J M, IrisE. The Effects of Framing and Ego-Involvement on Performance on the Wason Selection Task [J]. Psihologija, 2011, 44 (3): 261-276.

[98] Kane E J. Ethical Foundations of Financial Regulation [J]. Journal of Financial Services Research, 1997, 12 (1): 51-74.

[99] Kermer D A, Driver-Linn E, Wilson T D, et al. Loss Aversion Is an Affective Forecasting Error [J]. Psychological Science, 2006, 17 (8): 649-653.

[100] Klayman J. Varieties of Confirmation Bias: The Psychology of Learning and Motivation [J]. Advances in Research & Theory, 1995, 32: 385-418.

[101] Kogler C, Kühberger A, Gilhofer R. Real and Hypothetical Endowment Effects When Exchanging Lottery Tickets: Is Regret a Better Explanation Than Loss Aversion? [J]. Journal of Economic Psychology, 2013, 37 (100): 42-53.

[102] Krähmer D, Stone R. Anticipated Regret as an Explanation of Uncertainty Aversion [J]. Economic Theory, 2013, 52 (2): 709-728.

[103] Landman J. Regret: The Persistence of the Possible[J]. Theory & Decision, 1993.

[104] Li J, Ren G, Ma Q, et al. An Experimental Study on Investors' Status Quo Bias and Its Determinants [J]. Frontiers of Business Research in China, 2009, 3 (4): 543.

[105] Loewenstein G, O'Donoghue T, Rabin M. Projection Bias in Predicting Future Utility [J]. Quarterly Journal of Economics, 2003, 118 (4): 1209-1248.

[106] Loomes G, Sugden R. Regret Theory: An Alternative Theory of Rational Choice Under Uncertainty [J]. Economic Journal, 1982, 92 (368): 805-824.

[107] Matlin M W, Stang D J. The Pollyanna Principle: Selectivity in Language, Memory, and Thought [M]. Cambridge, M H: Schenkman Pub. Co., 1978.

[108] Mehra R, Prescott E C. The Equity Premium: A Puzzle [J]. Journal of Monetary Economics, 1985, 15 (2): 145-161.

[109] Mellers, Barbara, Schwartz, et al. Emotion-Based Choice [J]. Journal of Experimental Psychology General, 1999, 128 (3): 332-345.

[110] Mitchell G. Why Law and Economics 'Perfect Rationally Should Not Be Traded for Behavioral Law and Economics' Equal Incompetence [J]. Georgetown Law Journal, 2002, 91 (1): 67.

[111] Moore D A, Healy P J. The Trouble with Overconfidence. [J]. Psychological Review, 2008, 115 (2): 502-517.

[112] Moosa I A, Ramiah V. Loss Aversion Bias, the Disposition Effect and Representativeness Bias [M] //The Financial Consequences of Behavioural Biases. New York: Palgrave Macmilan, 2017.

[113] Muermann A, Volkman J M.Regret, Pride, and the Disposition Effect [J]. SSRN Electronic Journal, Working Paper, 2006.

[114] Nickerson R S. Confirmation bias: A Ubiquitous Phenomenon in Many Guises [J]. Review of General Psychology, 1998, 2 (2): 175-220.

[115] Nilsson H. Exploring the Conjunction Fallacy within a Category Learning Framework [J]. Journal of Behavioral Decision Making, 2008, 21 (4): 471-490.

[116] Odean T. Do Investors Trade Too Much? [J]. American Economic Review, 1998, 89 (5): 1279-1298.

[117] Plous S. The Psychology of Judgment and Decision Making [M]. Columbus: McGraw-Hill, 2004.

[118] Prentice R A. The Inevitability of a Strong SEC [J]. Cornell Law Review, 2005, 91 (4): 775-839.

[119] Reb J. Regret Aversion and Decision Process Quality: Effects of Regret Salience on Decision Process Carefulness [J]. Organizational Behavior & Human Decision Processes, 2008, 105 (2): 169-182.

[120] Reb J, Connolly T. The Effects of Action, Normality and Decision Carefulness on Anticipated Regret: Evidence for a Broad Mediating Role of Decision Justifiability [J]. Cognition and Emotion, 2010, 24 (8): 1405-1420.

[121] Reb J. Regret Aversion and Decision Process Quality: Effects of Regret Salience on Decision Process Carefulness [J]. Organizational Behavior & Human Decision Processes, 2008, 105 (2): 169-182.

[122] Resumo. De Confiança Versus Teoria dos Prospectos: UMA Evidencia Empírica [J]. Working Paper, 2010.

[123] Riis J, Schwarz N. Approaching and Avoiding Linda: Motor Signals Influence the Conjunction Fallacy [J]. Social Cognition, 2003, 21 (4): 247-262.

[124] Rozeff M S, Jr W R K. Capital Market Seasonality: The Case of Stock Returns [J]. Journal of Financial Economics, 1976, 3 (4): 379-402.

[125] Rubaltelli E, Rubichi S, Savadori L, et al. Numerical Information Format and Investment Decisions: Implications for the Disposition Effect and the Status Quo Bias [J]. Journal of Behavioral Finance, 2005, 6 (1): 19-26.

[126] Russo J E, Schoemaker P J. Managing Overconfidence [J]. Sloan Management Review, 1992, 33 (2), 7-17.

[127] Saffrey C, Summerville A, Roese N J. Praise for Regret: People Value Regret above Other Negative Emotions [J]. Motivation and Emotion, 2008, 32 (1): 46-54.

[128] Samuelson W, Zeckhauser R. Status Quo Bias in Decision Making [J]. Journal of Risk and Uncertainty, 1988, 1 (1): 7-59.

[129] Savage L J. The Foundations of Statistics [M]. 2nd edition. New Jersey: Wiley and Sons, 1954.

[130] Schupbach J N. Is the Conjunction Fallacy Tied to Probabilistic Confirmation? [J]. Synthese, 2012, 184 (1): 13-27.

[131] Shefrin H, Statman M. The Disposition to Sell Winners Too Early and Ride

Losers Too Long: Theory and Evidence [J]. The Journal of Finance, 1985, 40 (3): 777-790.

[132] Shiller R J. Bubbles, Human Judgment and Expert Opinion [C]. Cowles Foundation for Research in Economics, Yale University, 2001: 18-26.

[133] Shiller R. J. How Should the Financial Crisis Change How We Teach Economics? [J]. The Journal of Economic Education, 2010, 41 (4): 403-409.

[134] Somasundaram J, Diecidue E. Regret Theory and Risk Attitudes[J]. Journal of Risk & Uncertainty, 2017, 55 (2-3): 1-29.

[135] Spence I. Searching for Structure in Counted Data. [J]. Canadian Journal of Psychology Revue Canadienne De Psychologie, 1982, 36(1): 117-120.

[136] Svenson O. Are We All Less Risky and More Skillful Than Our Fellow Drivers? [J]. Acta Psychologica, 1981, 47 (2): 143-148.

[137] Tehrani R, Gharehkoolchian N. Factors Affecting the Disposition Effect in Tehran Stock Market [J]. International Business Research, 2012, 5 (3).

[138] Tentori K, Bonini N, Osherson D. The Conjunction Fallacy: A Misunderstanding about Conjunction? [J]. Cognitive Science, 2004, 28 (3): 467-477.

[139] Thaler R. Mental Accounting and Consumer Choice[J]. Marketing Science, 1985 (3): 199-214.

[140] Tenberge M. Can Regret and Pride Explain the Disposition Effect? [C]. Information Processing Society of Japan (IPSJ), 2009.

[141] Tversky A, Kahneman D. Belief in the Law of Small Numbers [J]. Psychological Bulletin, 1971, 76 (2), 105-110.

[142] Tversky A, Kahneman D. Judgment under Uncertainty: Heuristics and Biases [M]. //Utility, Probability and Human Decision Making. Berlin: Springer Netherlands, 1974: 1124-31.

[143] Tversky A, Kahneman D. Extensional Versus Intuitive Reasoning: The Conjunction Fallacy in Probability Judgment [J]. Psychological Review, 1983, 90 (4): 440-451.

[144] Viscusi W K, Chesson H. Hopes and Fears: the Conflicting Effects of Risk Ambiguity [J]. Theory and Decision, 1999, 47 (2): 157-184.

[145] Wang Y, Zhou Y. The Role of Managers' Overconfidence on the Irrational Investment [C]. International Conference on Service Systems and Service Management. IEEE, 2017.

[146] Wason P C, Johnson-Laird P N. Psychology of Reasoning: Structure and Content [M]. Massachusetts: Harvard University Press, 1972.

[147] Watts R L. Systematic 'Abnormal' Returns after Quarterly Earnings Announcements [J]. Journal of Financial Economics, 1978, 6 (2): 127-150.

[148] Weber M, Camerer C F. The Disposition Effect in Securities Trading: An Experimental Analysis [J]. Journal of Economic Behavior & Organization, 1998, 33 (2): 167-184.

[149] Weller J A, Levin I P, Shiv B, et al. Neural Correlates of Adaptive Decision Making for Risky Gains and Losses [J]. Psychological Science, 2007, 18 (11): 958-964.

[150] Wermers R. Is Money Really 'Smart'? New Evidence on the Relation Between Mutual Fund Flows, Manager Behavior, and Performance Persistence[J]. Social Science Electronic Publishing, Working Paper, 2003.

[151] Wilson T D, Gilbert D T. Affective Forecasting: Knowing What to Want [J]. Current Directions in Psychological Science, 2005, 14(3): 131-134.

[152] Zeelenberg M. Anticipated Regret, Expected Feedback and Behavioral Decision Making [J]. Journal of Behavioral Decision Making, 1999, 12 (2): 93–106.

[153] Zeelenberg M, Beattie J, Pligt J V D, et al. Consequences of Regret Aversion: Effects of Expected Feedback on Risky Decision Making [J]. Organizational Behavior & Human Decision Processes, 1996, 65(2): 148-158.

附录　中国证券监管行为特征的访谈提纲

感谢您参与本次访谈！本次访谈目的是了解您对于目前中国证券监管的看法，访谈内容仅供个人研究使用，不会用作他用。涉及您的个人信息我们也会做保密处理，请您放心作答。

1. 请尽可能多地回想一些关于您证券投资经历的细节后回答：当听到“证券监管”这个词时脑海中会浮现哪些内容。

2. 您认为目前中国证券市场的监管都有哪些积极的作用？

3. 您认为目前中国证券市场的监管都有哪些消极的作用？

4. 在您进行证券投资过程中，印象最深刻的监管事件是什么？请尽可能多地描述一下细节。

5. 依据您的经验，您认为一个监管政策的制定会受到哪些因素的影响？

6. 从您的期待来看，未来的证券监管应该是什么样子？